LE DEGRÉ

DES AGES DU PLAISIR

OU

Jouissances voluptueuses de deux personnes de sexes différents, aux différentes époques de la vie.

Recueilli sur des mémoires véridiques par MIRABEAU, ami des plaisirs,

SUIVI DE

L'ÉCOLE DES FILLES

OU

La philosophie des dames.

Orné de gravures et de chansons.

TOME SECOND.

Au Palais-Royal,

CHEZ FEU LA VEUVE GIROUARD, TRÈS-CONNUE.

1798.

LE DEGRÉ

DES AGES DU PLAISIR.

LE DEGRÉ

DES AGES DU PLAISIR

OU

Jouissances voluptueuses de deux personnes de sexes différents, aux différentes époques de la vie.

Recueilli sur des mémoires véridiques par MIRABEAU, ami des plaisirs,

SUIVI DE

L'ÉCOLE DES FILLES

OU

la philosophie des dames.

Orné de gravures et de chansons.

TOME SECOND.

Au Palais-Royal,

CHEZ FEU LA VEUVE GIROUARD, TRÈS-CONNUE.

1798.

L'ÉCOLE DES FILLES

ou

LA PHILOSOPHIE DES DAMES.

Première partie.

L'aimable Fanchette, belle et jeune personne de seize ans, était tristement assise devant son métier à broder. Son aiguille restait inactive; elle pensait à tout autre chose qu'à son travail. La pauvre enfant serait morte d'ennui si un heureux hasard n'eût amené en ce moment sa cousine Suzanne, laquelle, après l'avoir tendrement embrassée, lui demanda comment elle se portait.

— Très-bien, ma cousine, répondit Fanchette, émerveillée de cette visite inattendue. Que je suis donc aise de vous voir, ajouta-t-elle; quel bon vent vous amène dans notre quartier?

— Rien du tout, reprit Suzanne, que le plaisir de te voir, petite cousine, et de causer un peu avec toi. Sais-tu bien qu'il m'ennuyait fort de n'avoir pas l'occasion de jaser un peu ensemble depuis si longtemps que cela ne nous est arrivé.

— Cela se trouve d'autant mieux aujourd'hui, répliqua Fanchette, que ma mère est sortie et que nous pouvons causer tout à notre aise. Asseyez-vous, ma cousine, et causons; il n'y a dans la maison que la servante, et elle ne viendra pas nous déranger.

Après que les deux cousines se furent assises, Suzanne reprit : Que faisais-tu donc ? tu travaillais ?

— Hélas! oui, fit Fanchette avec un soupir.

— Comme tu me dis cela d'un ton peiné, dit Suzanne; après tout, je crois que le travail est ta plus grande affaire; tu ne sors presque jamais, et quant aux visites que tu reçois, si ce n'est quelques femmes qui viennent te voir de temps en temps, tu resterais seule, car pour les hommes il n'en entre non plus ici qu'en un couvent de religieuses.

— Eh ! que me ferait la visite des hommes, dit naïvement Fanchette, il n'y en a point qui pensent à moi, et puis ma mère dit que je ne suis pas encore en âge de me marier.

— Et tu écoutes cela, dit Suzanne en haussant les épaules, pas encore bonne à marier, toi, une fille de seize ans, grande et formée comme tu es ! Voilà qui est bien parler pour une mère qui devrait songer à ton plaisir au moins autant qu'elle fait au sien; mais voilà comme sont aujourd'hui les pères et mères envers leurs enfants. Je ne comprends pas, au surplus, comment tu es assez simple pour croire qu'on ne puisse avoir compagnie d'hommes sans être mariée.

— Oh! mais aussi en vient-il assez souvent ici, reprit vivement Fanchette.

— Ah! dit Suzanne en souriant, où sont-ils donc, car je n'en vois point?

— Aussi je ne vous dis pas qu'ils sont ici pour l'instant, mais bien qu'ils y viennent souvent, et si vous voulez savoir de qui j'entends parler, n'y a-t-il pas premièrement mes deux oncles, mon parrain, mon cousin de Lamothe et tant d'autres.

Suzanne éclata de rire.

— Eh! ce n'est pas de ceux-là que je te parle, j'entends des étrangers.

— Eh bien, des étrangers, n'y a-t-il pas, reprit Fanchette, Duverger, Dumoulin, Monsieur Delorme et le jeune monsieur Robinet, que j'aurais dû

nommer le premier, car il vient assez souvent ici
et me dit chaque fois qu'il m'aime et bien d'autres choses auxquelles je n'entends rien. Mais à
quoi tout cela sert-il, je n'ai non plus de plaisir
avec tous ces hommes-là qu'avec ma mère et avec
ma tante, qui me font rire quelquefois, et j'aime
bien mieux qu'il n'en vienne pas du tout que de
voir toutes les simagrées qu'ils font, car quand je
leur parle ils agissent avec plus de cérémonie et
me regardent avec des yeux si effrayants qu'on
dirait qu'ils ont envie de me manger. Pourtant,
au bout du compte, ils ne me disent rien qui
vaille; quand ils s'en vont, ils sont à leur dire
aussi peu contents que quand ils sont venus.
Franchement, ma cousine, y a-t-il là de quoi désirer la visite des hommes?

— Mais enfin, demanda Suzanne, ne te disent-
ils pas que tu es belle et ne veulent-ils pas
t'embrasser ou toucher en quelqu'endroit?

— Si, vraiment, dit Fanchette étonnée, mais
comment donc, ma cousine, avez-vous deviné
cela, car je ne pense pas que vous soyez derrière
moi quand ils me parlent, mais le fait est que ce
qu'ils me répètent le plus souvent c'est que je
suis belle; puis ils approchent leur bouche de la

mienne pour me baiser et veulent me mettre leur main sur mes tetons, disant qu'ils prennent plaisir à les toucher. Pour moi, je ne prends aucun plaisir à tout cela.

— Au moins les laisses-tu faire quand ils veulent toucher ces endroits-là?

— Vraiment, non, ma cousine, car ma mère m'a dit qu'il ne fallait pas souffrir de pareilles libertés.

— Pauvre innocente, dit Suzanne, sais-tu bien que ton ignorance me fait de la peine.

— Que voulez-vous dire, ma cousine, demanda Fanchette, y a-t-il donc quelque chose dans la conduite des hommes à mon égard qui ait quelque motif que je ne sache pas?

— Eh! sans doute.

— Alors, dites-le moi bien vite, de grâce, afin que je le sache.

— Voilà, reprit Suzanne, ce que c'est que de toujours écouter sa mère et de ne prêter jamais l'oreille à ce que nous disent les hommes.

— Ah! mon Dieu, dit Fanchette à moitié effrayée, qu'est-ce que les hommes peuvent donc nous apprendre? On dit qu'ils sont si méchants.

— C'est encore ta bonne femme de mère qui te

dit cela; mais ils ne sont pas si méchants que tu
penses, mon enfant, et quant à ce qu'ils nous
apprennent, je le sais depuis peu et à ma grande
satisfaction, je t'assure, et crois-moi bien, tant
que tu seras privée de leur compagnie tu ne ju-
geras jamais du plaisir véritable que comme un
aveugle juge des couleurs, et tu seras toujours
dans une ignorance qui ne te donnera aucune
joie au monde. Car, dis-moi, dans la situation
actuelle où tu te trouves, étant toujours avec ta
mère, quel plaisir as-tu?

— Quel plaisir? mais j'en ai beaucoup, ma
cousine, répondit Fanchette. D'abord, je mange
quand j'ai faim, je bois quand j'ai soif, je dors
quand j'ai sommeil, je ris, je chante, je danse,
je saute, je vais me promener quelquefois à la
campagne avec ma mère.

— Tout cela est bel et bon, fit Suzanne, mais
tout le monde ne fait-il pas la même chose?

— Comment donc, ma cousine, demanda encore Fanchette, y a-t-il donc quelque plaisir que
tout le monde n'a pas?

— Vraiment oui, petite sotte chérie, puisqu'il
y en a un que tu n'as pas et qui vaut cent fois
mieux que tous ceux que tu viens de me détailler.

— Allons, je suis forcée de convenir que je ne sais pas quel est le plaisir dont vous me parlez si vous ne me l'expliquez plus clairement.

— Mais, dit Suzanne, est-il possible que ces hommes qui te parlent quelquefois et particulièrement M. Robinet ne t'en aient rien dit ?

— Non, ma cousine, je vous jure, et si c'est quelque chose de bon, ils n'ont pas eu la charité de me le dire.

— Comment, si c'est quelque chose de bon, mais c'est ce qu'il y a de meilleur au monde, et ce qui m'étonne, c'est que M. Robinet, qui t'a toujours montré plus d'affection que les autres, ne t'en ait rien dit ; il faut que tu lui aies causé quelque déplaisir.

— Hélas ! non, au contraire, ma cousine, répliqua vivement Fanchette, il le sait bien ; quand il soupire et se plaint auprès de moi, loin de lui causer du mal, je suis toujours la première à lui demander ce qu'il a et à lui dire que je voudrais de bon cœur pouvoir faire quelque chose pour son soulagement.

— Ah ! je commence à comprendre votre mal à tous deux ; mais quand il te dit qu'il t'aime, ne lui dis-tu pas que tu l'aimes aussi ?

— Non, ma cousine, car à quoi cela servirait-il; si je savais que cela pût lui être bon à quelque chose, je le lui dirais; mais autrement je ne saurais me résoudre à faire un pareil aveu.

— Eh bien, précisément, ma pauvre fille, voilà où est ton erreur, car si tu lui avais dit que tu l'aimais, il t'aurait infailliblement montré de quel genre est le plaisir dont je veux te parler, mais il n'a eu garde de le faire dans le doute où il était sur ton amour.

— Ce que vous me dites m'étonne de plus en plus, ma cousine; comment, parce qu'on aime un homme et qu'on le lui dit, il vous en revient tant de plaisir. Il me semble que quand j'aimerais M. Robinet et cent autres avec lui, je n'en aurais pas plus de plaisir que si je ne les aimais point.

— Cela serait bon, grosse sotte, si on était toujours à se regarder, mais on se touche aussi quelquefois.

— Je l'ai touché plusieurs fois, répondit Fanchette, et encore d'autres garçons, sans que j'en aie eu pour cela plus de plaisir.

— C'est que tu ne touchais que les habits, il fallait toucher autre chose.

— Oh! de grâce, ma cousine, dit Fanchette,

dont l'impatience était au comble, ne me faites pas languir davantage si vous m'aimez, car je n'entends rien à tout cela, et dites-moi franchement et simplement ce que je devais faire pour avoir de M. Robinet une si grande satisfaction.

— Je ne veux plus te tenir en suspens; sache donc qu'un garçon et une fille peuvent goûter ensemble des délices inexprimables, sans que cela leur coûte rien. Mais, dis-moi, n'as-tu jamais vu un homme tout nu?

— Non, jamais, mais j'ai vu quelquefois des petits garçons.

— Oh! ce n'est rien; il faut qu'ils soient grands et tout au moins de l'âge de 20 ans.

— Cela étant, je n'en ai point vu.

— Ecoute, ma pauvre cousine, dit Suzanne en rapprochant sa chaise de celle de Fanchette, je t'aime trop pour te rien cacher; n'en as-tu pas vu quelqu'un qui pissait et cette affaire avec laquelle ils pissent?

— Oui, bien cela, dit Fanchette en rougissant malgré elle, j'en vis un l'autre jour qui pissait contre une muraille et qui tenait en sa main quelque chose que je ne pouvais deviner; lorsqu'il me vit venir et que je fus près de lui, il se

tourna de mon côté et me fit voir comme un bout
de boudin blanc qui était assez long et qui m'é-
tonna en pensant que je n'en avais pas un pareil.

— Et c'est tant mieux, pauvre ignorante, re-
pris Suzanne, que tu n'en aies point de pareil, car
tu ne pourrais alors recevoir le grand plaisir dont
j'ai à te parler; mais je te vais dire bien des choses dont tu seras encore plus étonnée.

— Oh! vous m'obligerez beaucoup, ma cousine;
mais que je vous fasse encore une question auparavant. N'y a-t-il que les garçons et les filles qui
puissent avoir ce plaisir?

— Oh! non, vraiment, il y a d'abord les garçons et les filles, puis les messieurs et les dames,
et encore les maris et les femmes, mais tout cela
s'entend communément par les hommes et les
femmes.

— Comment, demanda Fanchette étonnée, il
n'y pas de différence entre eux pour ces choses-là?

— Si, il y en a quelqu'une, répondit Suzanne,
et voici comment. Les maris et les femmes, vois-tu,
ce plaisir leur paraît bon, mais pas si bon qu'à
d'autres, à cause qu'il est plus ordinaire et que
c'est pour ainsi dire leur pain quotidien; cela fait
que les femmes, qui savent pourvoir à tout, ont,

quand elles sont mariées, des messieurs qui le leur font en cachette, attendu que le mari ne voudrait pas qu'elles en agissent ainsi, s'il le savait.

— Et pourquoi ne le voudrait-il pas? demanda encore Fanchette.

— Ah! ceci est autre chose, et je te dirai plus tard pourquoi; mais ne crois pas pour cela que le mari n'aille pas de son côté chercher ailleurs que chez lui le plaisir quand il est dégoûté de sa femme, et ton père lui-même n'a-t-il pas donné du plaisir à Marguerite, votre servante; c'est pour cela que vous eûtes tant de bruit au logis dernièrement. Et ta mère, qui est encore belle, penses-tu qu'elle n'a pas quelques messieurs qui le lui viennent faire en secret?

— Je ne sais pas, ma cousine; mais qu'entendez-vous par les messieurs et les dames?

— Les messieurs sont des hommes bien faits, mariés ou d'âge à l'être, qui cherchent à donner du plaisir aux femmes, et Paris en est tout plein; les dames sont des femmes mariées ou veuves, qui sont encore belles et la plupart de grande condition, à qui ces messieurs viennent donner du plaisir chez elles.

— Ce que vous me dites me surprend de plus en plus, ma cousine, et les garçons?

— Les garçons et les filles sont les plus plaisants de tous, parce qu'ils sont plus frais, plus jeunes, et que la jeunesse est bien plus propre à cela; mais desquels faut-il d'abord que je te parle pour t'instruire?

— Commençons par les garçons, ma cousine, si vous le voulez bien, puisque vous dites qu'il y a chez eux plus de plaisir.

— Eh bien, des garçons, soit; mais d'abord il faut que tu saches que cette affaire avec laquelle les garçons pissent s'appelle un vit.

— Ah! ma cousine, vous jurez, dit Fanchette en interrompant Suzanne.

— Eh! non, petite sotte, donne-toi donc patience, je ne fais que nommer les choses par leur nom, et si tu veux que je continue, il faut que tu mettes dès à présent de côté toute susceptibilité et tout scrupule.

— Eh bien, j'écouterai tout ce que vous voudrez.

— Pense que je dirai encore cul, con, vit et couillons.

— Eh bien, il n'importe, dit Fanchette.

— Puisque te voilà résolue, reprit Suzanne, je continue. Je te dirai donc que cet objet avec lequel les garçons pissent s'appelle un vit; on le nomme aussi le membre, le manche, le nerf, le dard, l'engin, la lame d'amour, et quand un garçon est tout nu, on voit cela qui lui pend le bas du ventre comme une longue tête de chèvre, à l'endroit où nous n'avons, nous, qu'un trou pour pisser.

— Oh! quelle merveille! exclama Fanchette.

— De plus, continua Suzanne, il y a dessous deux pelottes qui pendent dans une bourse, qui s'appellent couillons, et qui sont de la forme de deux grosses olives d'Espagne, et tout cela est environné d'un poil frisotté de même qu'aux filles, et qui sied bien à voir à l'entour.

— Que je suis ravie de ce que vous m'apprenez là, ma cousine; mais à quoi sert aux hommes cet instrument? Je pense que ce n'est pas seulement pour pisser, car autrement ils n'en auraient pas plus à faire que nous.

— Tiens, m'amour, c'est avec cela qu'ils nous donnent le plaisir dont je te parle, car quand un garçon aime bien une fille, voici comment il fait quand il la rencontre seule en quelqu'endroit : il s'agenouille devant elle et lui demande le plus gracieusement du monde : m'aimez-vous bien, ma charmante, car pour moi je vous aime bien, je vous adore. Et tandis qu'il lui tient ce discours, il la regarde avec des yeux si mourants qu'on dirait qu'il est près d'expirer. Si la fille lui dit qu'elle l'aime aussi, alors il se relève, la prend à bras-le-corps, la porte sur le lit, où il la couche à la renverse, et puis lui lève la jupe et la chemise; après il lui ouvre les cuisses, pendant qu'il déboutonne son pantalon, et quand il est déboutonné, il se couche sur son ventre, et lui enfonce dans le trou par où elle pisse ce long engin qui produit un chatouillement inexprimable.

— Je suis très-étonnée de ce que vous me contez là, ma cousine, reprit Fanchette; mais comment peut-il faire entrer là-dedans cet engin qui est si mou et si flasque; il faut donc qu'il le lui enfonce avec les doigts?

— Eh! pauvre idiote, il n'est pas toujours si mou; au contraire, quand il le fait voir à la fille, il est tout changé et ne paraît plus ce qu'il était auparavant; il est grossi et allongé de moitié, il est dur et long comme un bâton, et à force de se bander il y a une peau vers le bout qui se retire contre le ventre et découvre une tête qui est faite comme un gros bigarreau rouge, et cela fait plaisir à toucher.

— Et quand il est devenu bandé, comme vous dites, c'est donc alors qu'il le fourre dans le trou de la fille?

— Vraiment, oui, car cela ne se pourrait autrement; mais c'est encore un autre plaisir de voir la peine qu'il se donne pour le faire entrer, car cela n'entre pas tout d'un coup, comme tu pourrais t'imaginer, mais petit à petit, et le garçon est quelquefois tout en eau avant que le tout soit dedans, à cause que la fille n'est pas assez large, et c'est là encore un plaisir de plus, parce qu'elle sent l'engin du garçon qui l'entr'ouvre à force de pousser et qui frotte contre les babines du con (c'est ainsi qu'on nomme le trou par où nous pissons), ce qui la chatouille doucement et voluptueusement.

— J'avais peur au contraire que cela ne lui fit mal, dit Fanchette.

—Point du tout, mon cœur, cela lui fait grand bien; il est vrai qu'au premier coup de dard qu'on lui donne, et en le lui mettant dedans, elle sent une petite cuisson, parce que la route n'est pas encore frayée, mais ensuite cela ne fait plus que la chatouiller et lui cause la plus grande émotion.

— Vous dites, ma cousine, que vous appelez l'affaire de la jeune fille?

— Je l'appelle un con, et quelquefois on l'appelle aussi le bas, la chose, la panoufle, le trou mignon, le trou velu, etc. Quand un garçon le fait à une fille, cela s'appelle mettre vit au con, ou bien on dit qu'il l'a enfilée. Les garçons nous apprennent à dire tout cela et ont du plaisir à nous le faire répéter quand ils nous tiennent sous eux, mais garde-toi bien d'en parler devant ta mère ou devant le monde, car on dit que ce sont de vilains mots.

— Oh! je n'ai garde, dit Fanchette; mais comment fait donc le garçon, ma cousine, pour faire entrer son engin là-dedans?

—Il ne l'a pas plus tôt ajusté dans le trou de la fille qu'il le pousse du croupion, puis se retire un peu en arrière et repousse plus fort en avant, et la fille pousse aussi du derrière pour le faire entrer.

— Il faut donc qu'il remue toujours sans s'arrêter nullement?

— Vraiment, oui.

— Et comment fait-il donc pour pouvoir remuer les fesses si à propos en le faisant entrer petit à petit?

— Tiens, voilà comment il fait, regarde comme je remue (ici Suzanne, qui s'est levée, joint l'action à la parole), et tandis qu'elle le sent remuer ainsi, elle l'embrasse, le baise sur la bouche, le touche à l'estomac, aux fesses, aux cuisses, l'appelant son cœur, son âme, et elle y met d'autant plus d'ardeur qu'elle sent l'engin qui lui entre dans sa panoufle avec la plus grande douceur qui se puisse imaginer.

— Vraiment, ma cousine, dit Fanchette, il me semble que je voudrais bien éprouver cela de la façon que vous dites. Certes, les filles doivent être bien obligées aux garçons qui leur font de si jolies choses, mais n'y ont-ils pas aussi quelque plaisir, eux qui se donnent tant de peine pour en faire aux autres?

— Certainement que si, ma mignonne, et ils le témoignent assez quand ils se pâment d'aise sur la fille en l'enfilant; on ne leur entend rien dire autre chose que : eh! mon cœur, m'amour, je me meurs... pousse... vite... et le plaisir de la fille est d'autant plus grand qu'elle s'aperçoit de celui qu'éprouve le garçon.

— Cela me paraît assez raisonnable, ma cousine, et cela étant, je pense que les filles doivent être bien longtemps à tenir le garçon sur elles, car si c'était moi, je ne laisserais jamais sortir cet engin qui fait tant de bien dans le trou mignon.

— Oh! cela ne dépend pas de la fille, comme tu le crois.

— Comment donc?

— Parce que l'on cesse quelque temps de faire cela et l'on recommence ensuite.

— Vraiment! moi, je croyais, dit Fanchette, que cela durait toujours; expliquez-moi donc comment cela se fait, pourquoi on finit et recommence, et qu'est-ce qui fait qu'on ressent tant de plaisir l'engin du garçon étant dans le trou à pisser de la fille, puisqu'en y mettant le doigt ce serait la même chose.

— Il faut d'abord que tu saches que l'engin d'un garçon est enveloppé d'une peau douillette et unie, agréable au toucher; il est dur, plein de nerfs au dedans, et l'on sent cela par-dessus cette peau, qui est mouvante; il est fort, excepté vers la tête, qui est composée d'une glande de chair tendre et délicate; le long de cet engin il y a un tuyau qui paraît enflé comme une grosse veine, qui aboutit à la tête et où il y a une petite fente en long tournée du même côté que celle que nous avons au bas du ventre. Pour la fille, je ne sais comment elle est faite intérieurement, mais on dit qu'elle a un engin fait comme celui du garçon. Or, voici ce qui arrive : quand la fille reçoit l'affaire de l'homme dans la sienne, la peau du dard se rebrousse et a de la peine à entrer. Le garçon poussant toujours des fesses y introduit d'abord la tête, et le membre qui est poussé dans la panoufle de la fille fait que la peau qui lui couvre la tête vient à frotter par-dessus contre le tuyau, qu'on appelle clitoris, à mesure que le garçon pousse et retire le cul pour le faire entrer; la fille, qui ressent le frottement que la peau et l'engin du garçon lui font dans son affaire, y joint ses mouvements. Enfin, à force de frotter et de remuer les fesses de part et d'autre, il arrive que tous deux viennent à s'échauffer et sentent une démangeaison et un chatouillement le long de leurs conduits, qui les oblige à frotter plus fort et à remuer plus vite les fesses. Alors le chatouillement augmente et par conséquent le plaisir, lequel devient si grand peu à peu qu'enfin ils en soupirent d'aise et ne peuvent parler que par élans; ils clignotent des yeux et semblent expirer en s'embrassant de plus en plus; alors le chatouillement les saisit de telle sorte qu'on les voit se pâmer d'aise et par petites secousses, à mesure qu'ils viennent à décharger par les conduits qui les chatouillaient si fort, et à répandre une liqueur blanche et épaisse comme de la bouillie, qu'ils rendent tous deux avec un délire qui ne peut s'exprimer.

— Il faut, en effet, ma cousine, que ce plaisir soit bien furieux, dit Fanchette, puisqu'il fait oublier ce qu'ils font ; mais qu'arrive-t-il après?

— Rien de plus; tous deux sont contents pour l'instant, et le membre qui était si dur en entrant dans la panoufle de la fille en sort tout lâche et abattu.

— Cela est étrange, reprit Fanchette, mais ne leur prend-il point envie de recommencer?

— Quelquefois, dit Suzanne, quand à force de baisers et d'attouchements le membre du garçon se redresse ou que la fille vient à le redresser avec sa main, alors ils le remettent encore une fois dedans, et ils éprouvent de nouveau le même plaisir.

— Comment, dit Fanchette, quand l'outil du garçon est abattu, une fille peut donc le redresser?

— Certainement, et cela rien qu'avec la main

et en le frottant doucement. Si tu savais quelles vertus a la main d'une fille et combien elle a de pouvoir pour donner du plaisir aux garçons, tu en serais étonnée.

— De grâce, ma cousine, dites-moi en quelle rencontre et comment cela se fait.

— Ecoute. Il arrive quelquefois qu'un garçon et une fille sont seuls dans une chambre ou ailleurs; ils s'entretiennent de choses indifférentes le plus souvent; ils ne pensent point à se faire bien aises, ni à se donner du plaisir, à cause de quelques soucis qu'ils ont en tête. Le garçon ne fait donc seulement que l'embrasser au moment de partir. La fille, qui est faite à cela, pousse petit à petit sa langue dans la bouche du garçon, sitôt qu'il l'a appliquée sur la sienne, et elle la fait frétiller entre ses lèvres avec un si grand plaisir que cela le met en humeur de continuer ce doux passe-temps. Alors la fille, qui veut prendre un autre plaisir, après avoir regardé autour d'elle si personne ne la voit, met la langue aussitôt dans la bouche du garçon. Tandis qu'elle lui fait cela, elle se baise, coulant sa main sur son membre, qu'elle prend dans sa brayette, et quand elle l'a patiné quelque temps, on le voit, de mou qu'il était avant, devenir dur comme un bâton, sans qu'on puisse dire comment cela se fait ni par quelle vertu, car elle passe seulement deux ou trois fois sa main sur la peau, et le garçon qui sent cela ne saurait s'empêcher de bander, encore qu'il n'en aurait pas envie. Puis, comme il faut que tout se fasse par ordre et dans les règles du plaisir, la fille bien instruite sort le membre de la brayette, le regarde, le baise et lui donne une petite secousse pour l'achever de raidir, puis le laisse ainsi tendu pour s'en servir ensuite.

— Oh! ma cousine, je ne pourrai jamais retenir tout cela; faut-il donc qu'une fille sache toutes ces choses?

— Oui, certes, et bien d'autres encore, car ce n'est pas là tout. Lorsqu'elle a passé quelque temps à l'exercice que je viens de te dire, elle essaye un autre plaisir pour mettre le garçon tout à fait en humeur. Elle lui met la main sur les pelottes qu'il au-dessus de cet engin et les soulève mignardement en les passant et les repassant entre ses doigts, et quand elle a fini en cet endroit, elle badine avec ses poils, lui manie les fesses, les cuisses, et revient à lui branler la pique, en sorte que la tête qui est tout en sueur s'allonge, se dresse et semble vouloir se détacher du reste du membre, mais le garçon n'éprouve de tout cela aucune douleur; au contraire, il est si aise qu'il ne peut parler; il pousse seulement le cul en avant afin que la fille continue toujours; mais s'il se voit monté par celle qu'il devrait monter lui-même, c'est alors qu'il est au comble du bonheur et qu'il éprouve autant de plaisir que s'il déchargeait continuellement.

— Certes, ma cousine, voilà bien des sortes de plaisirs; je ne sais si je pourrai les retenir toutes. Comment fait donc la fille pour monter sur le garçon et lui faire tant de plaisir?

— Il se couche à la renverse; alors la fille l'enfourche jambe de ci jambe de là et se remue dessus lui.

— Oh! oh! voilà encore une autre façon, et l'on fait donc ce doux jeu en bien des positions? demanda Fanchette.

— En plus de cent.

— Et on prend plaisir à toutes?

— A toutes, mais tu sauras cela plus tard.

— Et pourquoi donc, ma cousine, dit encore la petite curieuse, le garçon a-t-il plus de plaisir quand il est monté par la fille que quand il la monte lui-même?

— C'est qu'il lui est bien obligé de la peine qu'elle prend et qu'il juge mieux par là de sa tendresse et bonne volonté. Il dit alors à sa belle cavalière qu'il se soumet par humilité et qu'il n'est pas digne de prendre le dessus. La fille, qui est reconnaissante, redouble à ce mot de courage.

— Et vraiment, elle fait bien, dit Fanchette, car voilà une grande civilité de la part du garçon.

— Il y a bien encore une autre raison que celle-là, reprit Suzanne, mais j'attendrai pour te la dire que tu sois mieux instruite des choses essentielles que tu dois savoir d'abord.

— Grand merci, ma cousine, vous aurez donc la bonté de me tout apprendre; mais puisque nous en sommes sur ce discours, dites-moi pourquoi la plupart des nuits je sens des démangeaisons à ma panoufle qui m'empêchent presque de dormir; je me tourne, je me vire de côté et d'autre sans que cela se puisse apaiser; que me faudrait-il donc?

— Il te faudrait, répondit Suzanne, un bon gros dard bien nerveux pour le fourrer dans ta nature et la forcer à répandre le doux nectar, seul propre à apaiser ta chaleur. Mais à défaut de cela, quand tu sentiras ces démangeaisons, il faut

te frotter ta panouflle avec le doigt quelque temps;
tu ne tarderas pas à jouir du plaisir de la décharge.

— Avec le doigt, est-il possible? dit Fanchette
émerveillée.

— Oui, avec le doigt du milieu, en le faisant.
passer et repasser sur les bords.

— Certes, je m'en rappellerai; mais à propos,
ma cousine, ne m'avez-vous pas dit que vous
aviez ce plaisir quelquefois?

— Oui dà, quand je veux, et c'est un garçon
qui m'aime bien qui me le donne.

— Cela vous rend donc bien aise?

— Si aise que je n'en puis plus.

— Et comment ferai-je, ma cousine, pour avoir
quelqu'un qui m'en fasse autant?

— Il faut choisir un garçon qui t'aime bien,
qui soit discret et n'en dise mot à personne.

— Et qui pensez-vous que je puisse prendre
pour cela? demanda Fanchette avec quelqu'in-
quiétude.

— Pour moi, je ne sais, répondit Suzanne, je
n'en vois pas qui réunisse mieux les qualités que
je viens de citer que le jeune Robinet, car il
t'aime bien; de plus, il est beau et de bonne

grâce. Je l'ai vu une fois se baigner dans la rivière et je fus étonnée de sa beauté, car il a une belle chair blanche, ni trop grasse ni trop maigre; il a les cuisses grosses, nerveuses, les reins forts et chargés, et tout cela contribue beaucoup au plaisir qu'une fille pourra recevoir de lui.

— Ah! mon Dieu, je tremble, je ne sais pourquoi quand je suis si proche à me porter à cela; mais dites-moi, ma cousine, n'y a-t-il point de mal dans cette action ?

— Et quel mal y aurait-il, sotte ? Regarde-moi, cela se voit-il ?

— Mais cela n'est donc point défendu ?

— Défendu ! et pourquoi donc, m'amour, puisqu'il y a tant de plaisir à le faire? Au reste, on n'en saurait rien, car qui est-ce qui le dirait? Je me fie à toi, pourquoi ne te fieras-tu pas bien à moi? Robinet n'aura garde de l'aller dire, parce qu'il est discret. Outre que s'il en parlait, il y perdrait autant que toi, car il ne te verrait plus et aucune fille de la ville ne ferait plus cas de lui.

— Vous me rassurez un peu, pourtant j'ai encore un scrupule; quand on est mariée, un mari ne ferait-il pas moins cela à sa femme s'il venait à s'apercevoir qu'un autre l'eût déjà caressée ?

— Tu n'as que faire de craindre, car quand tu en seras là je te donnerai un secret pour qu'il n'y paraisse plus.

— Mais y a-t-il d'autres filles qui le fassent aussi? pour moi, je pense qu'elles n'oseraient, car si on venait à le savoir, personne ne voudrait plus les épouser.

— Il n'est pas aisé de s'en apercevoir, puisqu'elles le font en cachette, et on ne le saura pas plus de toi que l'on ne le sait d'elles ou de moi. Vraiment, il y en a plus de la moitié qui se laissent enfiler, et si par hasard ses parents viennent à le savoir, ils n'en disent rien et tâchent de la marier à quelqu'un qui l'ignore.

— Et le diable qui sait tout? objecta encore naïvement Fanchette.

— Le diable qui sait tout ne viendra pas le dire aux autres, et puis dans le fond ce n'est qu'une légère peccadille inventée par la jalousie des hommes, qui veulent que leurs femmes ne soient qu'à eux seuls. Crois-moi, si les femmes gouvernaient les églises aussi bien que les hommes, elles auraient bien ordonné tout le contraire.

— Les hommes pourtant, à ce qu'il me semble avoir entendu dire à ma mère, conviennent qu'ils font mal comme nous, et s'ils avaient établi cette loi comme vous dites, ils ne l'auraient point établie contre eux-mêmes.

— C'est pour nous abuser qu'ils en agissent ainsi, car s'ils ne s'étaient pas soumis à cette loi qu'ils ont inventée, les femmes auraient dit : Oh! oh! pourquoi y aurait-il du mal pour nous s'il n'y en a point pour eux, mais ils n'ont pas laissé de se tirer de là par une autre raison; ils disent que devant Dieu ce péché n'est pas plus grand qu'un autre, et qu'il n'y a pas plus de crime à enfiler une femme qu'à manger des œufs en Carême. Mais pour les femmes ils y ont attaché un certain point d'honneur afin de les tenir en crainte, et ils ont voulu marquer d'un sceau d'infamie celle qu'on sait avoir manqué à cette loi.

— Et quand on ne le sait pas?

— Elles sont aussi honnêtes que les autres.

— Il n'y a donc que la foi qu'on a en leur vertu qui les rend honnêtes?

— Sans doute, mais ne vaut-il pas mieux qu'elles se laissent enfiler sans qu'on en sache rien que si elles restaient sages et qu'on vînt à s'imaginer le contraire? Car il faut que tu saches qu'il y a des femmes assez malheureuses pour qu'on croie d'elles ce qui n'est point, et c'est à mon avis le plus grand malheur qui puisse leur arriver. C'est pourquoi si j'étais à leur place et que je ne pusse ôter cette prévention de l'esprit du monde, je voudrais du moins qu'elle fût fondée, et je prendrais un plaisir qui ne me coûterait rien et dont il ne me saurait arriver pire. J'aurais outre cela l'avantage d'empêcher que beaucoup de personnes, par un faux et mauvais jugement, fussent damnées, car il n'y a que l'opinion qui fasse le mal.

— C'est vraiment bien raisonner, dit Fanchette, et si j'étais dans ce cas-là j'en ferais autant que vous pour éteindre la médisance; mais le meilleur de tout cela, comme vous avez dit, c'est de se conduire avec tant de prudence qu'on n'en puisse rien savoir.

— Dame, oui, dit Suzanne, et cela n'est point malaisé, quand on a un ami qui est discret et qui ne se vante de rien, et lorsque tu seras un peu accoutumée à cette vie, tu auras un plaisir sans pareil; quant au reste des filles, tu en verras cent à l'église, dans les rues, dans les campagnes, qui passeront pour vertueuses, desquelles tu te moqueras d'autant qu'elles n'auront garde de s'imaginer que tu es initiée aux secrets d'amour; tu passeras à leurs yeux pour sage, ne parlant que de choses bonnes et honnêtes, tu seras louée et estimée de chacun; car la connaissance intérieure de ce que tu auras expérimenté en cachette t'inspirera une certaine suffisance de toi-même qui te rendra plus hardie et plus spirituelle en compagnie et te fera préférer aux autres filles qui, pour la plupart, sont stupides à force de honte, et il ne peut manquer à la fin que, parmi tous ceux qui t'aimeront et envers lesquels tu seras toujours d'une honnête sévérité, il ne se trouve quelqu'un qui donne dans le panneau et ne t'épouse. Cependant, tu auras l'air de voir avec indifférence ton ami dans les lieux publics, et tu l'entretiendras sans scrupule, goûtant avec lui la douce satisfaction de tromper ouvertement tant de gens. Et le mieux de tout cela, c'est qu'après avoir bien employé ta journée à discourir et t'être mise en humeur par les bonnes manières qu'on aura eues pour toi, te moquant dans ton âme de la sottise de tes compagnes qui emploient si mal la nuit toutes seules, tu la viendras passer amoureusement entre les bras d'un ami, qui fera tous ses efforts pour satisfaire ta passion.

— Certes, vous êtes bien heureuse, ma cousine, à ce que je vois, et il me tarde bien d'en faire autant que vous; mais comment faut-il que je fasse? j'ai besoin de vos conseils et de votre secours, car si vous ne m'aidez, je ne pourrai parvenir à faire ce que j'ai le plus à cœur.

— Eh bien, voyons, pour qui aurais-tu le plus d'inclination?

— Pour Robinet, puisqu'il faut l'avouer.

— Il faut donc tenir à lui et le prendre; il a toutes les qualités qui font le galant homme.

— Mais comment faire? je n'aurai jamais la hardiesse de lui proposer pareille chose.

— Eh bien, je lui dirai pour toi ce qu'il faudra; tu n'auras qu'à le laisser faire; surtout, quand vous serez ensemble, prenez bien vos mesures pour vous revoir souvent, car le plaisir d'amour est si attrayant qu'une fois qu'on en a goûté on ne saurait plus s'en passer.

— Cela est fort bien; mais quand commencerons-nous?

— Le plus tôt que faire se pourra; Robinet ne vous viendra-t-il point voir aujourd'hui?

— Si fait, ma cousine, je l'attends, dit Fanchette, et voici bientôt son heure.

— Eh bien, il faut profiter de l'occasion aujour-
d'hui même; tu ne saurais en trouver une plus
belle; ta mère est à la campagne et ne reviendra
que ce soir; il n'y a que la servante au logis. On
trouvera bien moyen de l'employer à quelque
besogne. Quand Robinet viendra, je lui parlerai
de toi, puis je vous laisserai seuls, et si quelqu'un
vient te demander, tu feras dire que tu n'y es
pas. Voilà un lit qui est propre à l'ouvrage que
vous allez entreprendre; si on le trouvait gâté, tu
diras que tu t'es couchée dessus, et tu ne mentiras
pas, car sitôt que Robinet sera venu et se verra
seul avec toi, il ne manquera pas de t'y ajuster
de façon ou d'autre.

— Ah! mon Dieu, je tremble, et quand Robinet
sera ici, le laisserai-je faire, ma cousine?

— Vraiment oui.

— Vous me répondez donc qu'il pourra me procurer le plaisir dont vous faites tant d'éloges et
que je sois en état de le sentir comme vous?

— Ne te l'ai-je pas déjà dit? répliqua Suzanne,
tu n'auras qu'à lever ta chemise.

— Je vous demande pardon, ma cousine, de
toutes mes questions, mais c'est que je suis encore
si ignorante. En attendant que Robinet vienne,

vous plairait-il de me dire un peu comment votre ami vous fait quand vous êtes couchés ensemble. afin que je ne sois pas si novice quand le mien voudra m'enfiler?

— Volontiers, m'amour; il faut d'abord que tu saches que le plaisir de mettre le membre viril dans la panoufle est accompagné de cent caresses et assaisonnements en amour qui le font trouver meilleur; une fois, entre autres, mon ami m'en fit éprouver en une nuit la plus grande partie; je ne le vis jamais tant en humeur qu'il l'était cette nuit-là.

—Mais quand il vous approche, que vous dit-il? que vous fait-il?

— Voici à peu près comment il s'y prend. Premièrement, il me vient voir la nuit, quand tout le monde est couché, par un petit escalier dérobé, et me trouve le plus souvent au lit où je suis quelquefois endormie; alors, sans perdre de temps, il se déshabille, met la chandelle au chevet du lit et se couche tout de son long à côté de moi. Quand il a été un peu de temps à se réchauffer, il se ravise et commence à me demander : dormez-vous? et en disant cela il allonge une main et la pose sur mon affaire. Je suis si fatigué, dit-il, que je ne

saurais remuer; alors il me conte ses peines, puis
il met sa main sur le sein, et tout en me maniant
à gogo les tetons, il me fait le détail de tout ce
qu'il a fait dans le cours de la journée et ajoute :
que je suis heureux d'avoir un tel ordinaire !
Alors je le sens qui se tourne sur le côté et qui se
dispose à m'enfiler. Je lui dis quelquefois : mon
cœur, mon ami, je dormirais bien. Mais lui, sans
faire semblant de m'écouter, me met la main sur
le ventre, et quand il trouve la chemise, il la
lève, et m'appuie la main sur la motte, qu'il pince
et frise quelque temps avec les doigts; après il
met sa bouche sur la mienne, et me coule sa langue entre les dents; ensuite il me touche les fesses,
les cuisses, de là retourne au ventre; tantôt il me
suce une mamelle, tantôt l'autre, et pour satisfaire sa vue, il ôte la couverture et le drap, me
fait quitter ma chemise et approche la chandelle
pour promener ses regards sur toute ma personne.
Après il me fait empoigner son dard qui est raide
comme un morceau de bois et me prend à bras-
le-corps, me fait rouler sur le lit, puis il me baise
la bouche et les yeux, m'appelant son cœur et son
âme; ensuite de cela il monte dessus moi en me
faisant entrer son gros membre dans la panoufle

et remue du derrière jusqu'à ce que son sperme
tout brûlant me coule au fond de la matrice.

— Qu'est-ce que c'est que du sperme, ma cousine?

— C'est la liqueur blanche et épaisse que nous
répandons dans l'action et dont je t'ai déjà parlé;
on l'appelle aussi semence, et plus communément
foutre.

— Vous êtes donc bien aise quand vous recevez
cette semence dans votre affaire?

— Je suis au comble du bonheur. Or, il y a
diverses manières de faire entrer l'engin dans le
trou mignon, ainsi que je l'ai expérimenté avec
lui; car il m'enfile tantôt dessous, tantôt dessus,
tantôt de côté, tantôt de travers, tantôt à genoux, par devant et par derrière, comme si je
prenais un lavement, tantôt debout; quelquefois
quand il est pressé, il me jette sur un coffre, sur
une chaise, sur un matelas, enfin, au premier
endroit qui lui paraît propice, et chaque fois il y
trouve un plaisir différent, car son membre entre
plus ou moins et est disposé autrement dans mon
trou velu, selon les postures qu'il me fait prendre. La peine a quelquefois sous ce rapport ses
agréments; nous nous voyons de jour étant seuls;

il me fait baisser la tète sur un coffre, me trousse
ma robe par derrière jusque par-dessus ma tête;
en cet état il a tout le loisir de voir et de considérer, et de peur que nous ne soyons surpris, il
n'abaisse point son haut-de-chausse, mais tire son
bijou de sa brayette et me le montre; ensuite il
va écouter tout doucement à la porte s'il n'y a
personne, puis il revient vers moi et m'enfile
brusquement au faubourg du cul; il m'a juré cent
fois qu'il avait plus de plaisir à me le faire ainsi à
la dérobée qu'autrement.

— Certes, dit Fanchette, il faut qu'il y ait bien
du plaisir, ma cousine, puisqu'il y a tant de façons, car je m'imagine bien toutes celles que vous
venez de m'apprendre, et il me semble que j'en
aurais bientôt imaginé d'autres, puisqu'il n'y a
personne qui n'en puisse imaginer de nouvelles,
mais il n'est pas question à présent de cela, je
voudrais seulement savoir comment vous passâtes
avec votre ami cette nuit pendant laquelle vous
eûtes tant de sortes de plaisirs.

— Ce fut hier, continua Suzanne, que m'arriva
cette bonne fortune, et je vais te faire le récit de
mille folâtreries que nous fîmes et qui ne se pratiquent d'ordinaire qu'entre les personnes qui

s'aiment beaucoup. Il y avait deux nuits que mon ami n'était venu me voir, et je m'impatientais déjà qu'une partie de la troisième nuit fût écoulée sans en avoir de nouvelles, lorsque je le vis entrer dans la chambre avec une petite lanterne sourde qu'il a coutume de porter avec lui, et ayant sous son manteau quelques douceurs et confitures pour nous régaler et nous réconforter.

— Il ne faut pas vous demander si vous fûtes contente de cette visite ?

— Il se déchargea premièrement de son paquet et voyant que je n'étais pas encore couchée, il troussa incontinent ma chemise sans parler; il me renversa sur le lit, me fit tàter son gros nerf, et en moins de six coups de cul je me vis arrosée de la liqueur amoureuse.

— Mais on n'est donc jamais plus aise que quand cette liqueur vient à sortir, et on ne prend tant de peines que pour la faire couler avec plus de plaisir.

— Oui, certes; quand il eut tiré ce premier coup, je me mis aussitôt au lit; lui se déshabilla, et je n'eus pas plus tôt commencé à fermer les yeux (car il faut que tu saches encore qu'il n'y a rien qui fasse si bien dormir) que je

le sentis à mes côtés; il m'embrassait amoureusement et me mettait son membre à la main; je
perdis aussitôt l'envie de dormir.

— Mais combien donc de temps ce membre est-
il à se redresser, demanda Fanchette, quand il
est abattu? Le met-on bien des fois dans le trou
velu en une nuit?

— Ah! tu m'interromps toujours, dit Suzanne
un peu impatientée; c'est selon les hommes et la
force de leur tempérament, car quelquefois il y en
a qui le font deux coups sans déconner, et cela fait
un très grand plaisir à la fille; d'autres font leur
décharge sept ou huit fois, il y en a même qui vont
à dix ou douze coups, mais cela est très-extraor-
dinaire. Cinq ou six coups raisonnables suffisent
pour contenter une fille. Il y en a qui ne peuvent
tirer que deux ou trois coups et qui sont très-
prompts à décharger; il faut remarquer que ceux
qui répètent le moins ce jeu rendent plus de liqueur que les autres et donnent et reçoivent plus
de plaisir; mais quoi qu'il en soit des uns et des
autres, la fille éprouve toujours si peu qu'il y en
ait une grande satisfaction; il est vrai que la
beauté de l'objet qu'on exploite y contribue
beaucoup et fait souvent tirer un ou deux coups

de plus, mais la continuité gâte tout et énerve un garçon. Quand il faut faire cela tous les jours, alors ce n'est pas mal aller que de le faire tous les soirs une fois et une tous les matins. Voilà ce que j'avais à te dire à ce sujet. Mais je ne sais plus où j'en étais quand tu m'as interrompue.

— C'est quand votre ami vous prit endormie et vous mit son engin bandant à la main.

— Ah! oui, je m'en rappelle maintenant; je ne l'eus pas plus tôt senti bandant comme il etait que je ne songeai plus à dormir; mais répondant à ses caresses, je me prêtai à tout ce qu'il voulut; il m'appelait son cœur et son âme, et me serrait étroitement; nous roulâmes longtemps l'un sur l'autre, entrelacés de bras et de jambes, et à force de nous agiter, la couverture tomba en bas du lit; néanmoins, comme il ne faisait pas froid, nous ne songeâmes pas à la ramasser; au contraire, nous échauffant de plus en plus, il me fit ôter ma chemise, quitta la sienne et me fit cent galanteries sur le lit en me montrant son membre qui était bandant au dernier degré. M'ayant demandé la permission de folâtrer en toute liberté, il répandit et sema par terre une grande quantité de roses et m'invita à les ramasser toute nue au milieu de la chambre, ce que je fis, et lui, pendant ce temps, considérait à la clarté des bougies qui étaient allumées dans tous les coins les diverses attitudes que je prenais en me baissant et en me haussant. Après il me frotta toutes les parties du corps d'essence de jasmin et s'en frotta pareillement. Nous étant remis sur le lit, nous fimes une vingtaine de culbutes pour nous égayer. Ensuite, me tenant devant lui, les yeux en extase, il caressait tantôt mon ventre, mes cuisses, mes tetons, ma motte qu'il trouvait ferme et douillette. Je t'assure que toutes ces petites fantaisies me plaisaient infiniment, puis me faisant baisser les mains sur le lit, il montait à cheval sur mon dos et me faisait aller; quand il avait demeuré ainsi quelque temps, il descendait, passait son membre entre mes deux fesses et le fichait dans mon bijou. Au commencement, je faisais la honteuse et voulais me lever; mais il me priait, me conjurait, se désespérait, si bien que j'en avais pitié et me prêtais à tous ses désirs; il prenait plaisir à me le fourrer dedans et à le retirer tout d'un coup; cela faisait, ma cousine, un bruit semblable à celui que font les boulangers en enfonçant leurs poings dans la pâte et les retirant soudain, ou bien encore comme le bruit que font les petits enfants qui ôtent le bâton de leur canonnière après y avoir introduit un tampon de papier. Enfin, quand il fut las de me chatouiller de la sorte, nous nous approchâmes du feu nus tous les deux; il me fit asseoir à côté de lui, prit une bouteille d'excellent vin de champagne avec des confitures que nous mangeâmes, ce qui nous rendit nos forces. Tout en mangeant, nous raisonnions de diverses choses et nous nous donnions la becquée comme les oiseaux. Pendant ce temps-là, il me considérait partout et semblait y prendre autant de plaisir que s'il m'eût vue pour la première fois. Il prit un verre sur la table, le remplit et voulut que je busse la première. Je le vidai entièrement, et l'ayant aussitôt rempli pour lui, il en fit autant que moi. Nous réitérâmes trois ou quatre fois, en sorte que nos yeux pétillaient d'ardeur et ne respiraient que le combat amoureux. Nous fîmes trève de bonne chère et nous recommençâmes à nous caresser. Il me prit sous les bras et me fit lever. Lorsque je fus debout, il s'approcha et voulut m'enfiler, mais trouvant cette position trop gênante, il se contenta de me faire remuer le cul et de m'enseigner diverses positions propres à augmenter le plaisir pendant l'action. Je t'assure, ma chère cousine, que deux fesses qui s'approchent et se retirent à propos donnent à la volupté un bien grand assaisonnement. Il ne nous manquait que des glaces pour pouvoir contempler nos attitudes, mais pour nous dédommager il me faisait toucher tous ses membres, qui sont très-bien faits et prenait autant de plaisir à sentir promener mes mains sur son corps qu'il en ressentait lui-même en maniant toutes les parties du mien. Il n'avait jamais mis tant d'apprêts pour me le faire. Ne pouvant plus résister à l'ardeur qui me dévorait, car j'étais tout en feu, je l'empoignai par le manche, je le menai au pied du lit, sur lequel je me couchai à la renverse en l'attirant sur moi. Je m'enfilai moi-même et fis entrer son outil dans ma panoufle jusqu'à la garde. Alors mon ami, me serrant étroitement dans ses bras, me secoua de toutes ses forces; il faisait craquer le lit et je me trémoussais avec une vivacité que je ne m'étais pas encore sentie. Bref, toutes les parties de notre corps étaient dans une agitation inexprimable. Tiens, ma cousine, tu aurais été ravie en extase en voyant le plaisir que nous ressentîmes en répandant un torrent de sperme qui nous plongea dans une mer de délices.

— Non-seulement je le crois, ma cousine, dit Fanchette, mais encore je sens beaucoup d'émotion rien qu'en écoutant la description que vous m'en faites. Cependant, pour vous dire franchement ma pensée, j'aimerais mieux la conclusion en ces sortes d'affaires que de m'amuser à tous les apprêts que vous m'avez racontés.

— Tu as bien tort de penser cela. La conclusion ne peut manquer d'arriver; donc on fait bien d'être ménager de ce plaisir, qui serait de courte durée sans la précaution qu'on y apporte. Si je croyais avoir assez de temps avant que Robinet fût venu, je te ferais un petit discours qui pourrait te servir d'instruction là-dessus.

— Eh! de grâce, ma cousine, puisque nous y sommes, achevez, dit Fanchette, et faites que je vous aie l'obligation entière.

— Apprends donc, ma chère amie, continua Suzanne, qu'il y a en amour mille délices qui précèdent la conclusion, lesquels on ne peut goûter que dans leur temps avec loisir et attention. Le baiser est autre chose que l'attouchement et le regard est différent de la jouissance parfaite. Chacun de ces quatre points a ses divisions particulières. Il y a premièrement le baiser du sein, de la bouche, des yeux, de toutes les parties du visage; il y a le baiser mordant qui se fait par l'impulsion des dents sur la chair, le baiser de la langue, qui est le plus doux, et le baiser des autres parties du corps; chacun de ces baisers a ses goûts différents, et tous sont capables d'amuser longtemps par la nouveauté et la douceur qu'on y trouve. L'attouchement se divise selon les membres, et ses plaisirs sont différents. Les tetons fermes et rebondis remplissent agréablement la main et font aussitôt dresser le membre par leur élasticité en présentant d'autres délices à l'imagination; des tetons l'on vient aux cuisses et l'on goûte un autre plaisir à toucher deux colonnes d'albâtre vives et charnues quand la main se promène autour, agissant partout, tantôt sur le ventre plein et arrondi, tantôt sur la motte velue qu'elle empoigne, badinant avec les poils et farfouillant les doigts à l'entrée du con, en faisant entr'ouvrir les deux lèvres de la nature avec des émotions vives et ardentes; de là faisant le tour par les hanches, elle est portée sur les fesses, qui sont d'aimant pour elles et l'attirent avec autant de force que l'on en voit dans le membre amoureux lorsqu'il s'élance avec raideur vers le trou velu qui est son centre et le labyrinthe dans lequel il aime à s'enfoncer: ce membre a aussi ses plaisirs particuliers dans l'attouchement; il se plaît à être logé tantôt dans la main de la dame, tantôt entre les cuisses, tantôt entre les fesses et tantôt entre les mamelles; si tu savais quel plaisir l'on ressent lorsque deux corps nus se roulent l'un sur l'autre et que les bras, les jambes, les cuisses sont entrelacées à la façon des anguilles et se serrent d'une douce étreinte, tu ne voudrais jamais faire autre chose; les regards amoureux offrent mille agréments, rien n'est plus flatteur à voir que la beauté du corps d'une personne aimée, la structure de ses membres, ses postures et ses dispositions lascives, tout excite au plaisir, toutes les passions s'expriment par les yeux, et c'est par là que nous dévoilons nos plus secrètes pensées. Un amant regarde attentivement sa maîtresse, il lit son bonheur dans ses yeux; alors, si l'endroit est favorable, il peut tout entreprendre; s'il voit que la pudeur s'oppose à ses désirs, qu'il la combatte doucement par ses raisons, et après quelques discours entremêlés de soupirs, qu'il lui montre un engin nerveux et bien bandé, toutes les difficultés s'évanouiront; cette vue fera un si grand effet qu'elle ira elle-même au devant de tous ses désirs; il pourra alors contempler toutes les beautés dont elle est pourvue, et elle remarquera la joie intérieure qu'excite sa curiosité. Quelle délicieuse situation de paraître nu devant l'objet qu'on adore, de lui causer de l'étonnement, de la confusion , ensuite les plus grands ravissements; la jouissance ne vient qu'ensuite; elle doit suivre tous les autres plaisirs qui sont ses avant-coureurs et qui perdraient leur goût et leur vigueur s'ils les précédaient. Cette jouissance comprend et surpasse tous les autres plaisirs; elle consiste dans les diverses façons de glisser le membre amoureux dans la fente de Vénus, qu'elle soit large ou étroite, dans la considération des temps ou des lieux, dans le mouvement lent ou précipité, dans les détails qu'on prend pour éjaculer la semence amoureuse, dans la quantité qu'on répand de cette même semence, dans les accolades, les embrassements, et parmi tout cela, depuis le premier moment qu'on a commencé à baiser, regarder, toucher et enfiler jusqu'à l'entier accomplissement de l'œuvre, il faut entremêler cent mille mignardises et agréments,

jalousies, petits mots, lascivités, pudeur, frétille-
ment, douceurs, violences, querelles, demandes,
réparties, remuement de fesses, coups de main,
langueurs, plaintes, soupirs, fureurs, action, passion, gesticulation, souplesse de corps, instructions d'amour, commandement, prières, obéissance, refus, et une infinité d'autres choses qui
ne peuvent être pratiquées en un moment. Voilà,
ma cousine, ce que j'avais à te dire là-dessus; regarde maintenant si toutes ces sortes de caresses
et douceurs ne sont pas ravissantes et si je n'ai
pas occasion de me louer de la bonne fortune qui
m'a procuré un ami qui en sait si bien user dans
le temps et qui est si raisonnable et si discret ailleurs.

— Certainement, dit Fanchette, je reconnais,
ma cousine, que c'est un art bien difficile à apprendre, et il y aurait sans doute encore bien plus
de choses à dire là-dessus si l'on demandait le
pourquoi sur chaque mot.

— Oui, certes, répliqua Suzanne, et quand je
te reverrai, j'espère bien t'en dire davantage ;
mais parlons encore de mon ami. A propos, que
t'en semble-t-il?

— Je dirai, répondit Fanchette, que vous êtes

bien heureuse de posséder un ami si parfait, mais que votre mérite vous rend digne des plaisirs qu'il vous cause.

— Du tout, mon cœur. Car ce n'est pas mon mérite qui le rend sage comme il est; tu ne saurais croire la discrétion avec laquelle il agit quand nous sommes devant le monde; il n'ose presque me regarder et semble n'avoir pas la hardiesse de m'adresser la parole, tant il craindrait de m'offenser. Cependant, il faut avouer qu'il sait si bien bannir tout respect en temps et lieu qu'il n'y a sorte de mignardise dont il ne soit capable pour me donner du plaisir et que son génie lui fournit tous les jours de nouvelles ressources pour nous procurer à tous deux mille contentements.

— Eh! paix, paix, dit Fanchette en mettant précipitamment la main sur la bouche de sa cousine.

— Qu'y a-t-il donc? demanda Suzanne étonnée.

— Ah! ma cousine, reprit Fanchette, dont la figure était devenue pourpre, comme le cœur me bat, j'entends Robinet qui vient.

— Tant mieux, dit Suzanne, réjouis-toi au lieu de trembler. De quoi as-tu peur? que je porte envie à ton bonheur et au plaisir que tu vas recevoir. Enfant que tu es, rassure-toi et te dispose à lui faire bien goûter tes faveurs. Je m'en vais au devant de lui pour le recevoir, tandis que tu l'attendras sur le lit, feignant de travailler à ton ouvrage. Je lui dirai comment il devra se comporter afin que tu ne sois pas surprise. Adieu, m'amour.

— Adieu, ma cousine, dit Fanchette avec un soupir, je me recommande bien à vous.

Les deux cousines s'embrassèrent avec une vive effusion de cœur, et Suzanne sortit précipitamment pour aller au devant de Robinet, dont on entendait les pas dans l'escalier.

Seconde partie.

Nous avons vu comment Suzanne s'était empressée d'aller au devant du jeune Robinet. Quel fut l'entretien qu'ils eurent ensemble, c'est ce que je ne saurais dire, toujours est-il que cet entretien jeta le jeune homme dans une vive émotion, et qu'après quelques pourparlers, il se dirigea vivement vers la chambre de Fanchette, après avoir remercié Suzanne d'avoir si bien avancé ses affaires auprès de sa belle cousine.

Fanchette, ainsi que cela avait été convenu entre les deux cousines, était assise sur son lit, faisant semblant de coudre à son ouvrage, quand Robinet entra. Il la salua d'abord et lui demanda comment elle se portait. Après quelques cérémonies faites pour s'asseoir, il se mit auprès d'elle, la regardant fixement au visage sans doute pour démêler les sensations qu'elle éprouvait ; s'étant ensuite assis à l'endroit où se plaçait d'ordinaire la mère de Fanchette, il se mit à examiner l'ouvrage auquel elle travaillait et lui dit en tremblant qu'il avait rencontré sa cousine sur les degrés, qu'elle lui avait dit bien des choses et qu'il désirait savoir d'elle s'il devait ajouter foi aux promesses de bonheur dont elle l'avait flatté. Fanchette sourit et ne lui répondit rien. Ce silence parut à Robinet un aveu tacite ; il prit un peu plus de hardiesse et l'embrassa. Elle le laissa faire sans beaucoup lui résister, s'étant préparée à tout ce que Suzanne lui avait dit. Robinet, s'étant un peu retiré pour la considérer, vit qu'elle était toute rouge de honte et qu'elle n'osait le regarder, ce qui fut cause qu'il s'approcha d'elle et lui dit : M'amour, baise-moi encore un coup, et à l'instant il l'embrassa, mais demeura un peu plus longtemps à ce baiser qu'au premier, parce qu'il avait mis sa langue dans la bouche de Fanchette. Cette façon de baiser plut extrêmement à la jeune fille; ce début la charma et lui fit prendre la résolution de se prêter à tous ses désirs.

Fanchette reçut donc la langue de Robinet sous la sienne et la fit fretiller longtemps, goûtant sans penser à autre chose le premier plaisir, et en glissant sa main sous son mouchoir, il lui prit les tetons qu'il mania l'un après l'autre, puis la coula dans son sein le plus avant qu'il put, mais voyant qu'il ne pouvait atteindre où il voulait, il la retira, la posa sur ses genoux, toujours en la baisant, et levant petit à petit sa chemise avec les doigts, il lui toucha le dessus de la cuisse. Peu de filles pouvaient se vanter d'avoir des cuisses plus belles que celles de Fanchette, car elle les avait blanches, grosses et douillettes. C'est pourquoi il tressaillit d'aise en les touchant, et s'étant serré plus fort contre elle pour dire qu'il n'avait jamais senti de chair plus douce, son chapeau tomba à terre, et Fanchette vit le long de la brayette du jeune homme une grosse enflure qui grossissait et tâchait de sortir. Elle songea aussitôt à cet engin qui sert aux hommes pour pisser, comme le lui avait appris sa cousine, et avec lequel elle devait avoir tant de plaisir. Elle se souvint alors qu'en entrant dans la chambre Robinet ne l'avait pas encore comme cela; elle se douta bien d'après cela que le jeune homme passerait outre et qu'ils feraient quelque chose ensemble. C'est pourquoi elle se leva pour aller fermer la porte, de peur qu'ils ne fussent surpris par la servante, qui était peu éloignée; il lui demanda où elle allait, et ayant eu de la peine à la laisser aller, elle vit qu'il ajustait son engin dans sa culotte. Elle descendit pour donner de l'occupation à la servante afin que par quelqu'importunité elle ne vînt interrompre leur plaisir. Ainsi rassurée, elle revint et alla droit à lui; il lui sauta au cou dès qu'il la vit et ne voulut point la laisser asseoir sur le lit comme auparavant, mais il la tira debout entre ses jambes; là, la serrant de toutes ses forces, elle crut d'abord qu'il la voulait étouffer; elle lui en dit sa pensée; il lui répondit : c'est que je t'aime, mon cœur; la caressant ainsi, il fourra la main dans la fente de sa jupe, et tirant peu à peu sa chemise, il fit tant qu'il parvint à lui toucher les fesses, qu'il trouva fermes et rebondies; de l'autre qu'il avait libre, il lui prit la sienne et la porta sur sa brayette. Fanchette posa les doigts à l'endroit de l'enflure; elle sentit que l'engin du jeune homme était dur et se poussait en avant contre sa main. Robinet, voyant qu'elle n'en témoignait aucun ressentiment, se déboutonna, et fourrant la main de la jeune fille dedans, il lui dit : touche, m'amour, touche, mon cœur. Fanchette, voyant qu'il était bien aise qu'elle touchât, fit ce qu'il voulut et se laissa doucement aller pour le satisfaire; il semblait qu'il dût mourir d'aise à chaque attouchement, car tantôt il lui disait, en conduisant sa main : touche ici, puis là, plus bas, aux couillons; ma mie, sens-tu les poils? reviens ici, empoigne et frotte partout.

Lui faisant ensuite tirer son engin hors de la brayette, il lui dit : je veux que tu le voies. Fanchette fut étonnée de sa forme et de sa grosseur; il s'aperçut de sa surprise : tu ne sais pas encore où il faut que cela entre? cependant, tu as un endroit propre à le recevoir. Alors, s'émancipant tout d'un coup, il lui troussa la chemise, lui découvrit le ventre et les fesses, les mania à plusieurs reprises et semblait se plaire à les regarder; il approcha son engin des hanches de Fanchette, de son ventre, de ses cuisses, le passa entre les poils de sa motte et le conduisit jusqu'au trou mignon. Il porta sa main sur le trou velu et s'y arrêta quelque temps, passant les doigts entre les poils, serrant tantôt les deux babines l'une contre l'autre, tantôt les faisant entr'ouvrir, il la fit un peu reculer en arrière, lui ouvrit les cuisses, passa ses genoux entre les siens; ayant troussé sa chemise, il l'attira à lui, prit son engin dans sa main et l'approcha du but; elle sentit qu'il le poussait contre sa motte et qu'il voulait le faire entrer dedans; il lui ouvrit les deux babines avec les doigts, poussa deux ou trois coups de cul et l'élargit un peu, mais Fanchette, ne pouvant résister à la douleur qu'il lui faisait, le pria de s'arrêter.

S'étant un peu mieux ajusté, il lui écarta davantage les cuisses et poussa la tête de son membre un peu plus avant, mais elle le força encore de s'arrêter; il l'exhortait à prendre patience en disant que ce n'était qu'un petit mal, et qu'une fois le passage frayé, elle ne trouverait plus de de difficultés, que cela lui faisait aussi beaucoup

de douleur, mais qu'il la surmontait pour l'amour
d'elle; il la fit ainsi se résoudre à supporter un
nouvel assaut. Elle s'y prêta de son mieux et en
laissa entrer la longueur de deux bons pouces
sans lui résister. La tenant ainsi enfilée, il la conjurait de ne pas remuer et de souffrir le reste;
voyant qu'elle ne le voulait pas, il essaya une autre
posture; il se leva, la renversa sur le lit et se
coucha sur elle, mais elle le trouva trop pesant;
alors il se tint debout contre le bois du lit, sou-
leva les deux cuisses de la jeune fille sur ses bras
et recommença son ouvrage, mais elle trouvait
toujours une telle rudesse à se sentir ouvrir par
son gros engin qu'elle ne put l'endurer; il se retira plein de dépit, et Fanchette ayant porté la
main sur sa motte, la trouva tout ensanglantée.
Il se rapprocha d'elle, la baisa, lui mania son bijou, mit le doigt dedans pour juger de ce qu'il
avait opéré, et ne sachant plus que faire, il se
promena par la chambre en maudissant la grosseur de son engin. A la fin il mania tristement
son affaire devant elle, et voyant un pot de pom-
made qui était sur la cheminée, il le prit aussitôt
en disant : bon, voilà qui nous servira bien ; en
même temps il en mit dans sa main et s'en frotta

le manche du haut en bas pour le rendre plus
coulant. Il est vrai qu'il n'aurait eu besoin que
de cracher dessus et frotter avec la main, mais on
ne s'avise jamais de tout.

Il pria donc Fanchette de se placer sur une
chaise, et se mettant à genoux devant elle, il
poussa son membre contre sa fente; la pommada
le fit entrer un peu plus avant, mais voyant qu'il
ne pouvait encore rien faire dans cette posture,
il la prit par le milieu du corps, l'emporta sur le
lit, la couvrit de mille baisers, pour l'engager à
prendre courage; ensuite, l'ayant fait mettre à
quatre pattes et s'étant de rechef frotté de pom-
made, il troussa sa chemise et l'attrapa par derrière. La robe de Fanchette étant retroussée sur
son dos, elle raidit l'échine et lui présenta très-
beau jeu; ce nouveau visage excita si fort Robinet
qu'il n'écouta plus les plaintes de la jeune fille;
il poussa avec vivacité, il l'entr'ouvrit impitoya-
blement et fit de si grands efforts de cul et de
tête qu'il vint à bout de lui plonger son engin
jusqu'au fond des entrailles.

Cependant Fanchette ne se plaignait plus et la
douleur commençait à se dissiper. Elle sentait des
démangeaisons qui jusqu'alors lui avaient été in-

connues. D'un autre côté, Robinet, tout glorieux
des efforts qu'il venait de faire, ravi de se voir
logé dans un lieu si étroit et d'avoir surmonté
tant de difficultés, l'appelait son cœur, son âme,
sa félicité; enfin il lui prodiguait tous les noms
que l'amour peut suggérer; il remuait les fesses,
tantôt lentement, tantôt vivement, et le mouvement de son membre allant et venant dans le
corps de Fanchette causait à celle-ci les plus doux
frémissements. Il lui demanda si elle sentait du
plaisir; elle lui répondit par des coups de cul réi-
térés et par de petits bonds involontaires, car elle
était d'une ardeur si extraordinaire qu'elle ne
pouvait plus y résister. Alors Robinet, la serrant,
la poussant de plus en plus, la tenant embrassée
par les hanches, s'appuyant sur sa croupe, d'une
main lui touchait les mamelles et de l'autre les
fesses ou la motte. Le plaisir de la jeune fille
augmentant à mesure que son ami remuait et ne
pouvant plus se tenir sur ses mains tant elle était
aise, elle tomba le nez sur le lit. Enfin Robinet,
sentant les approches du souverain plaisir, redoubla ses mouvements et la mit dans une si
grande agitation qu'elle ne se connaissait plus;
elle sentit un frissonnement général par tout le

corps et il lui semblait que toutes ses facultés s'é-
taient réunies dans son trou velu. Elle remuait
les fesses avec tant de vivacité qu'il fallait un
membre tel que celui de Robinet pour la tenir enfilée. Piqué de sa résistance, son fouteur redoubla
ses efforts, et en moins d'un instant ils se plon-
gèrent dans une mer de délices. Fanchette perdit
toute connaissance et tomba en pamoison; le chatouillement se rendit universel dans tous ses
membres et elle resta évanouie. A la fin Robinet
s'étant retiré, elle se sentit toute mouillée au
bas du ventre et sur les cuisses; elle s'essuya avec
une serviette. Elle s'aperçut, en jetant un coup-
d'œil sur le membre qui venait de l'exploiter,
qu'il n'était plus si raide qu'auparavant ni si
droit.

Fanchette se trouvait bien soulagée après l'o-
pération faite. Robinet s'approcha d'elle, la baisa,
lui parla du plaisir qu'il avait eu; elle lui parla
du sien; il lui témoigna en être plus aise que du
sien propre, ce qui du reste était vrai, car quand
on aime bien, on est plus content du plaisir de
l'objet aimé que de celui qu'on éprouve soi-même. Cela est cause que si le garçon veut jouir de
la fille dans des moments où elle n'est pas d'hu-

meur, l'amour qu'elle a pour lui l'engage à y consentir, non pour son propre plaisir, mais pour celui de son amant. De même quand celui-ci n'est pas d'humeur et que la fille laisse apercevoir qu'elle serait bien aise de faire cela, il a la même complaisance qu'elle a eue pour lui et fait son possible pour la contenter.

Cependant Robinet, craignant qu'il ne vînt quelqu'un, avait remis son pantalon, s'était assis auprès de Fanchette et lui parlait de l'obligation qu'il avait à Suzanne de ce qu'elle lui avait dit sur les degrés, l'assurant que sans ses conseils il serait mort de douleur, n'osant lui déclarer la passion qu'il avait pour elle; il ne pouvait assez louer les bonnes qualités de sa jeune amie et lui disait qu'il en avait reconnu davantage en elle depuis la jouissance qu'avant, ce qui le détermina à lier avec elle une amitié indissoluble et qui fût aussi longue que sa vie, lui promettant de renouveler ce plaisir au moins deux fois par jour. Ce dont elle le remercia très-poliment. Alors ils avisèrent au moyen de se conduire si secrètement que personne ne pût s'apercevoir de leur jeu. Etant d'accord sur ce point, ils parlèrent d'autre chose, et Robinet fouillant dans sa poche en tira quelques pistaches qu'il fit manger à Fanchette, disant qu'il n'y avait rien de meilleur pour réparer les forces perdues au jeu d'amour. Elle le pria de la laisser descendre pour voir où était la servante. Pendant ce temps, pour ôter tout soupçon, il se mit à chanter. Fanchette fut quelque temps à revenir, s'étudiant à quoi elle pourrait occuper la servante, à qui elle dit que ce jeune Robinet l'importunait beaucoup et qu'elle ne concevait pas comment certaines personnes avaient du plaisir à l'entendre et à le voir. Propos que la petite rusée tenait pour dérouter tout soupçon.

Etant remontée, elle ferma la porte sur elle et s'approcha de son ami; il s'était remis sur le lit, tenant son engin à la main, et s'amusait à le regarder. Sitôt qu'il aperçut Fanchette, il le laissa là, l'embrassa et se plaignit qu'elle avait trop tardé; il lui fit toucher son membre qui n'était pas encore assez bandé, et en moins de rien il s'endurcit sous les doigts de la jeune fille, qui, plus hardie qu'auparavant, le toucha quelque temps et prenait plaisir à en mesurer la longueur et la grosseur. Robinet l'étendit sur le lit, la troussa jusqu'au nombril; prenant plaisir à la considérer, il lui porta d'abord la main à la motte,

la prit par les poils et passa légèrement les doigts
sur les bords des babines, ensuite il la tourna sur
le ventre pour lui examiner les fesses, et non content de cela, il la tourna et retourna dessus et
dessous, la frappant doucement, la maniant, la
baisant et lui fichant quelquefois les dents sur la
chair; il avait baissé son pantalon, lui mettant
son membre entre les fesses, entre les tetons. Il
se retirait quelquefois pour l'examiner de plus
loin, puis il se rapprochait et la faisait remuer de
toutes les façons. Enfin, il lui fit prendre cent postures différentes, l'enfilant à chacune et lui en-
seignant comment il fallait faire pour mieux engainer le membre; voyant que cet exercice avait
mis la jeune fille tout en feu, il s'étendit à la
renverse sur le lit, la lame droite, l'attira sur son
ventre, approcha sa bouche de la sienne, y fourra
sa langue et la fit fretiller; impatientée de n'en
pas venir à la conclusion, Fanchette empoigna son
membre et le fourra elle-même dans son bijou, et
après deux ou trois petites secousses elle le fit
entrer jusqu'à la garde. Elle sentait avec la plus
douce satisfaction les poils du ventre de Robinet
qui touchaient le sien. Le jeune homme la faisait
remuer tantôt vite, tantôt doucement, pour mê-

nager le plaisir, lui claquait doucement les fesses, la baisait la langue à la bouche, l'appelant son amour, sa divinité, son âme, et entrecoupant ses discours par de fréquents soupirs. Ses yeux s'égaraient; elle sentit qu'il la poussait plus fort, elle poussa de même; il lui dit alors en balbutiant : eh! vite... vite, ma mie, je meurs.... je décharge... En même temps elle se sentit inondée d'un torrent de liqueur amoureuse qui la chauffa de façon que, ne pouvant plus y résister, elle donna cinq à six coups de cul et déchargea avec autant de plaisir que la première fois. Elle reconnut alors pour vrai tout ce que sa cousine lui avait dit touchant la semence qu'on répand dans l'accouplement amoureux, et raisonnant là-dessus, elle ne put disconvenir que c'est le plus précieux don que nous ayons reçu de la nature, que sans celui-là tous les autres ne sont rien. Robinet lui dit alors qu'il aimait mieux le lui montrer d'effet que de paroles, et que la pratique était au-dessus de la théorie; pour lui en donner la preuve, il l'embrassa, lui mania les tetons, lui troussa la jupe, lui écarta les cuisses, lui mit le membre au trou velu et le lui fit de nouveau en levrette, la motte en arrière; il l'assura que cette façon lui plaisait mieux que les autres, attendu que c'était ainsi qu'il avait eu son pucelage et que son membre entrait plus avant.

Après quelques moments de repos, il recommença ses caresses, lui fit toucher son engin, lui mania la motte, fourra son doigt dans son vagin, tantôt l'enfonçant, tantôt le retirant, ce qui causait à Fanchette un chatouillement délicieux. Elle se penchait sur lui, elle le baisait, elle lui serrait doucement le membre, promenant sa main du haut en bas. Elle sentit qu'il était extrêmement raide, et elle souhaitait de le voir placé ailleurs. Robinet, enflammé par ses attouchements, se leva, la coucha sur le lit, mit ses deux jambes sur ses épaules, l'enfila avec fureur, et précipitant leurs mouvements, ils répandirent tous deux à la fois la liqueur amoureuse.

Cela faisait quatre fois, mais c'était un premier abord, et Robinet ne pouvait moins faire pour donner à Fanchette des marques de son amour. Cependant, la nuit s'approchait, et comme c'était l'heure où la mère de la jeune fille devait rentrer, Robinet prit tendrement congé de son amie lui promettant de revenir souvent jouir du doux passe-temps que cette heureuse journée leur avait procuré.

Dès que Suzanne revit Fanchette, elle n'eut rien de plus pressé que de lui demander des détails sur les suites de son entrevue avec Robinet. La jeune fille lui conta tout de point en point, et en terminant elle ajouta : Dites-moi un peu votre avis, ma cousine, sur la façon dont je me suis comportée.

— Certes, répondit Suzanne, je vois bien à présent que tu connais le métier et que tu n'as plus besoin de personne pour apprendre à parler pertinemment des choses.

— Et pourquoi cela, ma cousine?

— Comment? Lorsque tu parles de tes exercices amoureux, tu dis fort bien, un outil, un engin, un membre, une chose, une affaire, un trou, au lieu des mots vit et con, qui choquent davantage les oreilles.

— Oh! ma cousine, répliqua Fanchette, cela ne m'a pas tant coûté à apprendre que vous pourriez le croire. Quand nous sommes seuls, Robinet et moi, et que nous ne faisons que discourir, il veut que je dise ces mots-là, qui sont plus doux, plus honnêtes et qui plaisent davantage.

— Tu dis aussi enfiler, engainer, besogner, faire cela, au lieu de foutre.

— C'est une bienséance, dit Fanchette, qu'il me fait garder, voulant que je réserve les gros mots pour quand il est en humeur.

— Oh! vraiment, fit Suzanne, le mien n'est pas si cérémonieux, et quand nous sommes seuls, il n'a pas de paroles si retenues; mais sais-tu aussi que besogner, foutre, chevaucher, veut dire autre chose qu'enconner, enfiler et engainer?

— Besogner, dit Fanchette, c'est mettre le membre au trou velu, se remuer et décharger; ce mot seul dit plus que tous les autres. Foutre est seulement mettre l'engin dans le trou et répandre le sperme sans qu'il signifie remuer. Chevaucher c'est aussi mettre l'outil du garçon dans le bijou de la fille et se remuer sans qu'il signifie décharger. Enfiler, enconner, engainer, c'est simplement mettre le manche au trou sans que cela signifie autre chose.

— Il y a encore, répliqua Suzanne, d'autres mots qui sont plus doux à prononcer, comme baiser, embrasser, jouir, posséder, et tant d'autres, au lieu de foutre; ceux-là sont bons à dire devant le monde par honnêteté; mais je reviens à la première explication que tu as faite; elle est aussi fine qu'aucune que j'aie entendue de ma vie, et quand ce serait moi, je n'en pourrais inventer une plus jolie.

— Vous êtes bien honnête, ma cousine; pourtant je n'y entends point finesse, mais je m'étonne qu'il y ait tant de noms différents pour signifier à peu près la même chose.

— C'est, dit Suzanne, pour les faire trouver meilleurs, car, par exemple, quand on dit besogner, c'est qu'effectivement les hommes travaillent en nous quand ils nous exploitent. Enfiler, parce qu'ils nous enfilent comme des perles; engainer, parce que nous avons la gaine et eux le couteau, et ainsi des autres mots qui sont plus doux. Mais avec tout cela, penses-tu que les hommes usent de tant de cérémonies entre eux ? Oh ! non, vraiment, ils nomment les choses par leur nom et se content leurs aventures dans leurs entretiens particuliers, ou sur le pas de leur porte; rassemblés cinq ou six, ils se tournent et retournent de tous côtés, regardant toutes les filles ou femmes, et s'ils en voient quelqu'une dont ils aient déjà joui, ils ne disent pas simplement : j'ai baisé une telle, ils parlent plus énergiquement et disent : j'ai foutu une telle, ou bien : je l'ai grimpée une fois; elle y prenait plaisir et remuait

le cul comme il faut. S'ils aperçoivent une jolie
fille, ils disent tout ce qu'ils voudraient bien lui
faire et souvent le nombre de coups qu'ils croi-
raient la baiser dans une nuit. Voilà de quelle
façon ils se comportent.

— Comment, dit Fanchette effrayée, ils se disent les uns aux autres ce qu'ils nous font?

— Pourquoi non, répliqua Suzanne, quand ce
sont des femmes que tout le monde connaît; mais
ordinairement ils ne parlent point de celles qui
ont bonne renommée , comme toi ou moi.

— Ah! vous me rassurez, ma cousine, car je
serais au désespoir si Robinet allait dire tout ce
qu'il m'a fait, car il me met en tant de façons et
de postures différentes que j'en suis honteuse
après et ne puis m'empêcher d'en rougir en le
regardant.

— Mais ses caresses, malgré tout cela, ne sont-
elles pas bien douces?

— Oui, je l'avoue.

— Eh bien, continua Suzanne, quel mal y a t-
il à tout cela? Ce sont des ragoûts que les hommes
prennent, il faut les laisser faire; s'ils ne nous
trouvaient pas belles et ne nous aimaient pas, ils
ne mettraient pas nos corps en tant de façons et
de postures.

— Il est vrai, ma cousine, je reconnais par là que Robinet m'aime, car ce qu'il me fait faire est accompagné de tant d'apprêts et d'inventions que quoique j'en aie de la honte en les faisant, je n'en ai pourtant point de regret et j'en reçois une satisfaction incroyable; entre autres, ces jours passés, il me fit voir une certaine gentillesse d'esprit dont je me souviendrai toute ma vie, parce qu'elle est des plus plaisantes; vous en rirez en l'apprenant et je me trompe fort si vous ne faites pas usage de son invention. Figurez-vous donc que dimanche dernier il vint me voir, sur les trois heures de l'après-midi, pendant que ma mère était sortie pour aller aux vêpres, et j'étais seule à la maison. Je ne vous parlerai pas de la façon qu'il me fit sur un coffre à son arrivée, étant pressé, ni de toutes les autres caresses que je reçus avant et après; je vous conterai seulement qu'ayant folâtré quelque temps, nous revînmes aux baisers, aux embrassements, et m'ayant montré sa lance qui était droite, il me prit à bras-le-corps, me coucha à la renverse sur le lit, me troussa la cotte et me fit écarter les jambes. Après avoir regardé si j'étais bien, il me mit encore un oreiller sous le derrière pour m'arranger mieux; ensuite il me dit de ne point re-

muer, et ayant pris un petit toupet de bourre qu'il avait apporté exprès, il me le mit sous la fesse droite; il en prit un de laine qu'il me mit sous la gauche, et un troisième de coton, qu'il me fourra sous le croupion; après il s'ajusta entre mes jambes, approcha son membre et le mit aux bords de la fente, me recommandant de bien prendre garde à ce qu'il dirait, afin de lui obéir en tout.

— Voilà qui est bien préparé, dit Suzanne.

— Et qui fut encore mieux exécuté, comme vous allez l'entendre, répliqua Fanchette; il me dit *bourre* en poussant et me fit remuer la fesse droite; il me dit *laine* et me fit remuer la gauche; il me dit *coton* et me fit remuer le croupion; et de fait son invention n'était pas si mauvaise. Nous réitérâmes deux ou trois fois sans changer l'ordre ni la mesure pour me façonner toujours davantage, ensuite de quoi nous diversifiâmes le mouvement; j'avais du plaisir à l'entendre dire : laine, bourre, coton; bourre, coton, laine; coton, bourre, laine, coton, à quoi j'obéissais très-exactement. Quand je manquais à quelque chose, il me reprenait doucement. Je lui disais que coton me plaisait mieux que les deux autres, et il témoignait m'en savoir bon gré. En effet, j'avais raison.

— C'est, dit Suzanne, que coton faisait entrer la cheville ouvrière plus avant que les deux autres, et par conséquent donnait plus de plaisir.

— Que vous dirai-je davantage, reprit Fanchette; quand il cessait de parler, je ne bougeais plus, et il le voulait ainsi. Sitôt qu'il disait coton ou laine, ou bourre, je remuais; il m'apprit par ce moyen comment il faut faire pour retarder le plaisir quand il avance trop ou pour l'avancer quand il retarde. Lorsqu'il fut prêt à répandre la liqueur amoureuse, il éleva la voix plus fort, disant : bourre, coton, laine, coton, et toujours plutôt coton que les deux autres. Je fus contrainte de lui dire qu'il ne criât pas si fort, crainte que l'on ne nous entendît d'en bas et que je remuerais bien sans cela. Après nous disions seulement tout bas dans l'ardeur du plaisir : Eh! eh! mon cœur, m'amour, mon connaud, eh! pousse donc... coton... coton... coton... et puis je ne sais plus ce que tout devint.

— Que je hais, dit Suzanne, ces piailleurs qui font tant de bruit et qui n'ont aucune considération. Car il y en a qu'on ne saurait faire taire, et qui dans le moment de l'éjaculation ne peuvent s'empêcher de crier. Napoléon, par exemple, était ainsi; tout le monde connaît son aventure avec Mlle Georges. Monseigneur de Q..., notre illustre archevêque de Paris, a portes et fenêtres matelassées pour qu'on n'entende pas ses cris du dehors quand il exploite une jolie dévote. Qu'on demande à ces gens-là la raison de leurs beuglements, ils diront que c'est la force du plaisir qui les contraint à crier ainsi; et comme il y a des gens qui crient de douleur quand on les écorche, il y en a aussi qui crient de plaisir quand on les chatouille amoureusement.

— Et comment font-ils pour crier si fort? demanda Fanchette.

— Ils sont montés comme des saint Georges, et tenant le membre au trou velu avec un visage effaré, sentant la semence couler, ils s'écrient à haute voix : eh! là, là, là, donne donc, ma mie, mon cœur... mon amour... ta langue.... allonge et presse fort. Quelquefois les voisins qui les entendent viennent à leur secours avec du vin ou du vinaigre, croyant qu'ils meurent de douleur, et les trouvent à besogner; regarde la belle vue et l'effet que cela doit produire. Il n'y aurait pas moins de plaisir pour la fille s'ils ne menaient pas tant de bruit, et s'il ne leur est pas possible de s'empêcher de crier, comme ils le disent, je ne voudrais non plus avoir affaire à de pareilles gens qu'à des cloches. Les filles, pour ne pas mentir, y sont quelquefois sujettes aussi bien que les hommes, et tandis qu'elles remuent du cul elles crient continuellement à l'oreille du cavalier : eh! hau! hau! hau! mon ami, mon mignon, pousse-le donc plus avant... mets-y tout... et font ainsi autant de bruit que ces criailleurs dont je t'ai parlé. J'avoue toutefois que j'aimerais mieux les hommes qui crient que ces sortes d'amoureux ladres et insensibles que l'on fesse pour les mettre en humeur. C'est un grand désagrément d'être obligée d'amuser de pareils personnages.

— Quel malheur! qui sont donc ces ladres-là ? demanda Fanchette étonnée.

— Ce sont, répondit Suzanne, des gens qu'il faut fesser pour les mettre en train; ils se dépouillent tout nus au milieu d'une chambre; les filles prennent des verges et leur en donnent sur le ventre et partout jusqu'à ce qu'elles voient que leurs outils viennent à se raidir ; sitôt qu'ils sont en bon état, elles jettent là les verges comme si de rien n'était et se plantent le membre au bas du ventre pour se procurer du plaisir.

— Mais ces sortes d'hommes-là ne répandent-ils pas aussi la liqueur amoureuse, demanda Fanchette ?

— Si, vraiment, et quelquefois plus que les autres; ils deviennent si ardents qu'on ne saurait les retenir.

— N'importe, dit Fanchette, oh! la pauvre chose quand une fille est assez malheureuse pour être obligée de fouetter son ami afin de lui faire dresser sa pique.

— Ceux que tu voulais dire qui ne répandent pas de sperme, continua Suzanne, ce sont les châtrés à qui on a coupé les deux couillettes; ils ne sont bons à rien, quoique leurs outils se dressent quelquefois. Les femmes de ce pays-ci n'en veulent point du tout et il vaudrait mieux qu'on leur eût coupé les trois pièces *rasibus* que de leur laisser un membre qui ne sert que pour pisser.

— Eh, fi de ces gens-là, dit Fanchette, n'en disons mot, ma cousine; parlons plutôt de ceux qui sont bien fournis d'instruments à besogner.

— Il y a des hommes, reprit Suzanne, qui ne disent mot en exploitant une fille et qui ne font que soupirer d'aise, mais il y a une autre espèce d'amoureux qui sont bien à désirer; ils aiment à

s'entretenir bas et ceux-là plaisent bien davantage aux filles.

— Mais, dites-moi, ma cousine, interrompit
Fanchette, les filles n'ont-elles rien à témoigner
de leur côté pendant que les garçons leur font
tant de caresses?

— Donne-toi patience, c'est là où je voulais en
venir, mais il était bon auparavant de te remettre sur la voie; nous avons donc dit jusqu'à présent comment on mettait l'outil du garçon au bijou de la fille, comment on ressentait le plaisir
en laissant échapper la semence, et toutes les
autres satisfactions qui se tirent de ces quatre
choses, baiser, toucher, parler et regarder, mais
nous n'avons pas encore fait d'application parti-
culière aux lieux où il fallait s'en servir, et c'est ce
qu'il faut que tu apprennes aujourd'hui, comme
étant la chose la plus nécessaire et en laquelle
consiste principalement l'art d'aimer. Or, pour
le cas où tu serais aux prises avec ton ami et que
tu ne saurais comment te conduire dans l'escar-
mouche, voici la bonne façon : il faut que tu uses
envers lui de petites afféteries de la voix qui sont
les vraies délices en amour, par exemple pendant
qu'il se remuera sur toi dis-lui toutes les dou-

cœurs que tu pourras imaginer, appelle-le ton cœur, ton âme et ta vie, dis-lui que tu es au comble de la joie, que tu te meurs d'aise, fais quelques petits grattements des mains remuant doucement le croupion; toutes ces caresses le rendent si content que si tu as quelque chose à lui demander, il faut le faire dans ce moment-là et il ne te refusera pas, car il n'y a rien qui donne tant de condescendance et qui ouvre plus le cœur que de faire cela. Il fera son possible pour te contenter; il t'appellera son âme, son conin; il inventera mille choses pour te donner des marques d'amour; il souhaitera d'être tout membre pour se couler en toi, et quand son plaisir sera arrivé au plus haut degré il ne pourra manquer de t'en donner connaissance par ses soupirs et par quelques paroles qu'il ne prononcera qu'à demi. C'est alors qu'il faut bien prendre garde à profiter de l'instant favorable pour donner et recevoir la fleur du plaisir.

Ainsi ferai-je, ma cousine, dit Fanchette, mais en quelle posture vous mettriez-vous?

— A l'ordinaire, sur le dos, alors tu serreras vivement les deux fesses vers lui et lui passant un bras au cou tu le baiseras et feras en sorte de lancer ta langue dans sa bouche comme un dard, la faisant fretiller sous la sienne tandis que tu remueras du cul brusquement tu l'enlaceras autour de lui des bras et des jambes en appuyant ta main sur ses fesses, tu avanceras tes doigts jusqu'à ses balloches et poussant toujours du croupion tu tacheras de faire entrer le membre le plus avant que tu pourras, quant au reste de la besogne tu la feras aussi bien que moi.

— Ma cousine je vous remercie de tant de bonté, dit Fanchette, je ne manquerai pas de profiter de vos leçons quand je serai en état de le faire, mais pour le présent il faut un peu laisser passer le mauvais temps et attendre celui à qui je pourrai donner toutes les marques de mon affection.

— Oh! bien, arrive quand il pourra, reprit Suzanne, mais apprends que c'est la faute ordinaire des jeunes gens qui ne songent à rien qu'au temps présent et ne pensent pas à ménager leurs plaisirs pour les faire durer plus longtemps, mais enfin ne peux-tu voir Robinet quand tu veux?

— Nenni, ma cousine, car depuis quinze jours que ma mère a fait porter mon lit dans sa chambre je n'ai presque pu le voir qu'en sa présence.

— Eh! ma pauvre enfant, comment as-tu fait

ne pouvant avoir sa compagnie; t'en es-tu bien
passée?

— Non, certes, mais je ne l'ai eue que fort ra-
rement; si vous saviez les incommodités que nous
avons eues pendant ce temps-là et celles que nous
allons encore avoir d'ici sept à huit jours, en attendant que ma chambre soit arrangée, vous en
seriez étonnée.

— Je serais bien aise de les connaître, dit Suzanne, et suivant ce que tu me diras je pourrais
peut-être te donner quelque bon conseil pour l'a-
venir.

— Il y eut hier, reprit Fanchette, justement
quinze jours que ma mère me fit coucher dans
sa chambre, et depuis ce temps-là je n'en ai pas
décampé. Je le dis dès le lendemain à Robinet et
lui fis envisager les difficultés que nous aurions à
nous trouver seuls; il me demanda s'il n'y aurait
pas moyen de me venir voir la nuit, et en faisant
faire une fausse clef de la petite porte du jardin
que je ferais semblant d'aller à la garde-robe et
que nous ferions notre affaire sur le siége; je lui
répondis que cela ne se pouvait point, parce que
pour aller à la garde-robe il ne faut pas sortir de
notre chambre, attendu qu'il y en a une au bout

de la galerie, où ma mère veut que j'aille la nuit crainte que je ne fasse du bruit en ouvrant la porte. Il me dit alors qu'il ne fallait pas nous désespérer et tâcher de prendre l'occasion quand elle se présenterait. Sur cette résolution, il me vint voir le lendemain, mais en vain ; le jour d'après, nous fûmes plus heureux, car Robinet étant arrivé dans le temps que la servante était sortie, ma mère m'ordonna d'aller lui ouvrir la porte; sitôt qu'il fut dans la maison, me trouvant d'autant plus ardente à cela que j'avais peur de perdre le temps et de manquer l'occasion, il me poussa contre le mur, m'élargit les cuisses, me troussa la cotte qu'il me fit tenir avec les deux mains, approcha son membre qui était bien raide et en se baissant il me le fourra dans mon bijou le mieux qu'il put, en s'efforçant de pousser avec la plus grande hâte possible. Je le trouvai bon comme cela, car il y avait longtemps que je ne l'avais fait. Il eut fini plus tôt que moi et voulut se retirer, mais je le retins en le priant d'attendre que j'eusse fini aussi; comme son engin était encore bien dur, à peine eut-il poussé dix à douze coups que je fis à mon tour une copieuse éjaculation. Quand nous eûmes achevé, nous montâmes incontinent près de ma mère, qui ne se douta de rien. Je lui dis seulement pour la forme que Robinet m'avait demandé si une certaine personne n'était point au logis, parce qu'il ne voulait pas la voir. Une autre fois, nous eûmes le temps de le faire un peu plus commodément, et nous le mimes à profit. Mais comme ma mère ne sortait pas et qu'il y avait toujours compagnie au logis, c'était tout ce qu'il pouvait faire que de m'enfiler une petite fois pendant qu'elle allait reconduire quelqu'un. Vous pensez bien, ma cousine, que je ne me faisais pas beaucoup prier d'ouvrir les cuisses et de prendre la posture qu'il voulait pour avoir plus tôt fait. Encore étions-nous fort heureux quand nous avions le temps d'achever, car quelquefois nous étions en train de remuer les fesses, nous entendions du bruit, ce qui nous faisait déconner. Pensez dans quelle rage cela nous mettait. D'autres fois aussi ce n'était qu'une fausse alarme, et nous nous remettions à l'ouvrage. Il nous est plusieurs fois arrivé d'être interrompus dans le moment le plus intéressant, car quelquefois nous étions prêts de répandre la liqueur amoureuse, lorsque ma mère, qui était descendue pour commander quelque chose à la servante, remontait avec tant de vivacité qu'à peine avais-je le temps de baisser mon cotillon. Quelquefois, lorsqu'il la voyait occupée et qu'elle avait la tête tournée d'un autre côté, il me portait la main sur son membre, et passait la sienne dans la fente de mon jupon; je lui branlais la pique, il me branlait aussi, et nous nous faisions éjaculer. Enfin, sans y penser, nous trouvâmes une invention pour besogner devant le monde sans qu'on s'en aperçût.

— Et comment fîtes-vous cela ? demanda Suzanne avec curiosité.

—Un jour que j'empesais debout sur la platine, continua Fanchette, et que ma mère était descendue au bas, il s'approcha aussitôt de moi, et troussant ma chemise par la fente de ma jupe, il me mit sa lame raide entre les cuisses, s'efforçant de le faire aller jusqu'au trou velu; je sentis qu'il remuait auprès et je demeurai attentive à ce qu'il faisait sans songer à ce que j'avais sur la platine; c'était un jupon de futaine blanche que je repassais parce qu'il n'était pas assez sec. Voyant qu'il ne pouvait arriver au but, il me mit la main sur les fesses, me disant de me baisser et qu'il prendrait bien garde si quelqu'un venait; mais en me baissant, je fis un mouvement qui fit sortir son engin d'entre mes cuisses et le porta dans la raie du cul, si bien que m'étant appuyée dessus, au lieu de m'enfiler il se contenta de me faire une copieuse éjaculation entre les fesses, de façon que la semence me coulait jusque sur les talons.

— Quel dommage, fit Suzanne en soupirant.

— Son ardeur s'étant apaisée, il remit son engin dans sa brayette, et je m'aperçus dans le même moment que le feu avait pris au cotillon qui était sur la platine. Je fis un cri en l'ôtant promptement de dessus. Ma mère, qui arriva sur ces entrefaites, me querella bien fort de ma négligence, mais Robinet mit le holà le mieux qu'il put, disant que c'était une flamme qui avait sauté dessus, et voilà comme l'affaire se passa.

— Mais tout cela ne me dit rien de l'invention dont tu parlais.

— Ah! voici. Deux jours après, Robinet vint au logis et trouva que l'on dansait; il avait bu ce soir là un peu plus que de coutume et faisait semblant de vouloir dormir. Pendant que tout le monde était occupé à la danse, il se mit sur une chaise, et voyant que j'étais extrêmement fatiguée, il me tira par ma robe et me fit asseoir sur lui pour l'entretenir; je faisais semblant en l'écoutant de regarder les autres; pendant ce temps, il glissa sa main par la fente de mon cotillon et fit tant qu'il parvint à me toucher la motte; je sentis aussitôt son membre tout raide qu'il poussait dessous moi, et cela me mit en humeur de ne lui rien refuser; il eût bien voulu le passer par la fente du cotillon et me le dit tout bas à l'oreille, car il n'osait me trousser à la vue de tout le monde. Enfin, mesurant avec la main combien il s'en fallait que cette fente fût assez longue, il trouva justement à l'endroit propice le trou que le feu avait fait à ma jupe; il me le dit sans perdre de temps, rangea ma chemise, passa sa lance dans le trou et coula le tout entre mes cuisses; je m'accommodai là-dessus le mieux que je pus et fis tant qu'il en entra bien la moitié; nous fûmes longtemps de la sorte sans oser remuer; néanmoins, faisant du mieux qu'il pouvait, appuyant doucement du croupion, la compagnie ne s'aperçut de rien; quant à moi, je me tins ferme sur pied et fis bonne contenance jusqu'à la fin, mais j'eus assez de peine à dissimuler le plaisir que je sentais. Une heure après il me le fit encore un coup dans la même posture; depuis elle nous a bien servi, et j'ai béni cent fois le cotillon qui m'a causé tant de plaisir.

— Cette façon de le faire était cependant bien dangereuse, dit Suzanne, car comment faisais-tu pour cacher le plaisir quand la semence coulait de ton bijou?

— Ma cousine, je me contraignais autant que possible et serrais les dents en regardant contre terre.

— Vraiment, c'était là un beau moyen, dit Suzanne; il n'y avait autre chose à faire qu'à mettre les mains sur ton visage et faire semblant d'avoir mal à la tête.

— C'est bien imaginé, ma cousine, mais que voulez-vous, on ne sais pas tout, surtout moi, pauvre ignorante, qui ne connais absolument que ce que vous avez eu la bonté de m'apprendre.

— Je me ferai toujours un plaisir de contribuer à ton éducation, mais demande-moi ce que tu voudras savoir, car comment veux-tu que je devine si tu ne proposes rien?

— Eh bien, ma cousine, dit Fanchette, dans tout ce que nous avons dit jusqu'à présent des plaisirs, j'ai retenu que cette partie de l'homme qu'on appelle le membre est celle qui donne le plus de satisfaction à la femme; je voudrais que vous me disiez maintenant quelles sortes de membres sont les meilleurs.

— Je suis bien aise que tu me proposes les choses par ordre, dit Suzanne en riant; nous en
viendrons à bout plus facilement ; tu dois savoir
premièrement qu'il y en a de toutes les façons,
mais tous généralement se réduisent à trois sortes,
qui sont les petits, les grands et les moyens.

— Oh! bon, comment sont faits les petits? demanda Fanchette.

— Ils sont de quatre à six pouces de long et
gros à proportion, mais ils ne sont guère de mise
quand ils se trouvent dans la classe des plus petits,
car outre qu'ils ne remplissent pas assez l'entrée
du bijou, si la femme a le ventre un peu gros ou
la motte un peu trop grossette ou le trou placé un
peu trop bas, ils ne peuvent pénétrer que de la
profondeur de deux à trois doigts dans le col de
la matrice, et cela n'est pas suffisant.

— Et les grands?

— Les grands ont de dix à douze pouces de longueur et ils sont gros à proportion, ils écartent et
entr'ouvrent trop la femme quand même elle ne
serait pas pucelle; ils pénètrent trop dans la matrice et l'on est souvent obligé de mettre des
bourrelets contre le ventre pour avoir affaire aux
hommes qui ont l'engin trop long.

— Et les moyens? demanda encore la curieuse Fanchette.

— Ont de six à neuf pouces; ils remplissent justement le conduit de la femme et la chatouillent doucement ; il y a des femmes qui sont plus ouvertes ou ont de plus grands trous les unes que les autres; à celles-là il leur faut un engin puissant, bien dur, long, gros et bandé, qui soit proportionné à leur fente naturelle, mais après tout, ma cousine, soit grands, soit petits, la vérité est qu'il n'y a rien de si délicat ni de si bon que le membre de l'ami de notre choix et quand un homme qu'on aime bien n'en aurait pas plus gros que le petit doigt, on le trouverait meilleur que le plus grand dans un homme qu'on n'aimerait pas; cependant pour avoir un membre bien fait il doit être fort et renforcé de la culasse et venir en diminuant vers la tête.

— Une autre difficulté me survient, ma cousine, dit Fanchette.

— Quelle est-elle? demanda Suzanne.

— D'où vient que les hommes, quand ils nous font cela, nous disent quelquefois des injures et de vilaines paroles, au lieu de nous en dire de plus honnêtes; je ne saurais concevoir que l'amour les fasse parler comme cela, car enfin l'amour est toute douceur et il ne saurait rien faire dire qui ne soit doux comme lui.

— Il est vrai, ma mie, dit Suzanne, mais tu ne le connais pas encore tout à fait; tout ce que les hommes nous disent dans le moment qu'ils nous caressent, c'est par amour, et je vais te montrer comment. Tu dois savoir que la principale cause de l'amour est le plaisir du corps et que sans cela il n'y en aurait pas.

— Ah! je ne nie pas cela, ma cousine, dit Fanchette; je sais bien tout ce que vous me dites, je crois que l'amour inspire quelquefois des passions brutales, mais il y en a aussi qui ne le sont pas et toute la différence que l'on y trouve, c'est que les dernières durent longtemps au lieu que les autres ne sont qu'un feu de paille.

— Elles sont brutales, ma mie, répliqua Suzanne, si tu les prends là, et je le prouverai sur-le-champ; mais donne-moi le temps de parler.

— Tant que vous le jugerez à propos, ma chère cousine, s'empressa de dire Fanchette; je ne vous interromprai point.

— Le plaisir passe, mon enfant, il est vrai, continua Suzanne, mais le désir en revient; c'est ce qui nourrit l'amour. Parlons tout de bon et sans feinte; aimerais-tu bien Robinet s'il était châtré, quelque beau et bien fait qu'il puisse être ; du reste, l'aurais-tu voulu pour amant? Réponds.

— Non, assurément.

—Eh bien, ce qui est vrai à ton égard ne doit-il pas l'être aussi au sien, tellement que si tu n'avais point eu de place pour loger son membre, si tu n'avais point eu de beauté pour le faire bander, serais-tu assez simple que de t'imaginer qu'il t'eût aimée; non, ma cousine, il faut que tu te détrompes, les hommes n'aiment en nous que leurs plaisirs, et quoiqu'ils nous témoignent le contraire quand ils nous cherchent, ils ont toujours leurs désirs fixés entre nos cuisses, de même que nous n'aspirons qu'à être baisées et accolées par eux. As-tu jamais vu les bêtes dans les champs et combien amoureusement le mâle grimpe sur la femelle, le taureau sur la génisse, le cheval sur la jument, le bélier sur la brebis; c'est ainsi qu'il en est des amours, et quelques protestations d'honneur, d'amitié et de respect que les hommes nous fassent, tout cela n'aboutit qu'à nous renverser sur un lit, gagner le dessus, nous trousser insolemment la chemise, nous saisir d'abord au poil qui nous garnit la motte, se couler par force entre nos cuisses, et en nous empoignant à belles mains par les fesses, nous tirer à eux, malgré notre résistance; ensuite, pour tout service, ils tirent un bâton de chair, gros, long et bien tendu, et nous le plantent au bas du ventre, tandis que la nature obéit en nous malgré nos refus, et est toujours prompte à le recevoir. Voilà où aboutissent et se terminent tant de soupirs; sitôt qu'ils ont achevé la besogne et qu'ils n'en peuvent plus, on voit ce grand amour qui s'en va, s'éteint et ne reprend sa force et sa vigueur qu'à mesure que l'envie de recommencer revient. Il arrive de là que ceux qui sont le moins en état de faire cela à une fille sont ordinairement des amoureux transis. Il est étrange que la plupart des filles qui aiment si constamment et qui croient leur amour fondé sur la vertu ne sachent pas elles-mêmes à quoi tend cette passion; elles jureraient bien que leurs désirs ont une fin plus noble et plus honnête, mais cependant, quand elles en viennent au fait, on leur fait prouver le contraire.

— Certes, ma cousine, dit Fanchette, je ne m'étonne plus que vous soyez si habile dans les plaisirs de l'amour, puisque vous savez si bien en déduire toutes ces raisons; où avez-vous donc appris tout cela?

— C'est mon ami qui a pris plaisir à m'instruire; il m'a même dit qu'avant qu'il eût couché avec moi, lorsqu'il sentait que son amour le pressait trop, il était obligé d'aller trouver contre son gré quelque fille pour le divertir, trouvant par une fin contraire à ses désirs le moyen de m'aimer avec plus de tranquillité. Car, comme je l'ai dit, l'amour a cela de fin et de merveilleux, qu'il ne fait pas d'abord penser à l'accouplement, et cependant c'est sa seule fin. Maintenant, il faut que je réponde à la question que tu m'as faite, savoir pourquoi les hommes en faisant cela disaient des gros mots; c'est qu'ils prennent plaisir à nous nommer par les choses qu'ils aiment le plus, et comme dans l'action, lorsqu'ils nous baisent, ils ont toutes leurs pensées attachées à notre bijou, de là vient qu'ils ne peuvent s'exprimer qu'en disant : Eh! ma connaude, eh! ma couillande, ou autres choses semblables, selon la pensée qui les anime; tous les noms qu'ils nous donnent dans ces moments-là sont autant de mots hiéroglyphiques dont chacun porte une sentence entière; car s'ils disent à une fille : ma connaude, c'est qu'elle est bien fournie de cette partie dans laquelle toute idée d'amour se concentre; s'ils l'appellent : ma couillande, c'est qu'ils la trou·vent forte et vigoureuse, et ainsi du reste; de plus il y a deux raisons bien douces et gentilles qui font que les hommes, quand ils sont aux prises avec nous, appellent toutes choses par leur nom. La première, c'est que nous possédant en toute liberté, ils s'égaient à nous dire les mots qui nous font le plus de honte pour rendre leur victoire plus célèbre. La seconde, c'est que leur imagination étant toute confite en délices, ils s'expliquent par monosyllabes, d'où vient que ce qu'ils appelleraient dans d'autres temps paradis d'amour, centre des délices, trou mignon, ils l'appellent tout simplement un con, un cul; il en est de même de l'engin de l'homme, les femmes l'appellent simplement un vit, car autrement il faudrait dire le membre viril, le membre génital, ou autres explications sottes et longues que la fureur d'amour ne donne point le temps de prononcer. L'amour excuse tout, et il n'y a point de paroles sales à dire entre deux amants qui se baisent et sont montés l'un sur l'autre.

— Quand même cela ne serait pas vrai, ma

cousine, dit Fanchette, vous le persuaderiez de la façon que vous le dites, et vous en feriez bien venir l'eau à la bouche tant vous en savez discourir habilement, mais enfin de tout ce que vous m'avez dit, voudriez-vous inférer que Robinet ne m'aimerait que pour le corps?

— Je ne dis pas cela absolument, reprit Suzanne; il y a de la modération en tout; l'esprit fait quelquefois aimer le corps, de même que la beauté du corps fait quelquefois illusion sur les défauts de l'esprit; mais quand on est aimé pour l'un et pour l'autre, on est assurée d'inspirer des passions fort vives. Je vais t'apprendre ce que mon ami m'a avoué à ce sujet. Comme il croit que j'ai de l'esprit et du plus fin, il m'a dit que quelquefois, après m'avoir entendue discourir sur des matières relevées et honnêtes, et qu'il pouvait me tirer à l'écart, il était si animé à me faire cela sur-le-champ qu'il ne pouvait plus commander à son membre tant il était raide, et cela à cause de la beauté de mon âme, qu'il lui semblait qu'il m'exploitait l'esprit en me chatouillant le corps, tant il prenait plaisir à chercher l'âme par là-dedans.

—Je suis contente d'apprendre tout cela, ma

cousine, dit Fanchette, et me voilà suffisamment instruite de quelle façon les hommes pensent et agissent dans leurs amours; mais à l'égard des filles sur qui l'amour a tant de pouvoir, d'où vient qu'il y en a qui sont si scrupuleuses et ne veulent pas se laisser enfiler?

— C'est qu'elles ont peur d'engrosser, répondit Suzanne.

—Comment, ma cousine, dit Fanchette effrayée, c'est cela qui engrosse? Et si j'allais le devenir par tant de semence que Robinet m'a mise dans mon objet?

— Va, va, n'aie pas peur, s'empressa de dire Suzanne; si cela t'arrivait, j'ai des remèdes qui ne te manqueraient pas au besoin; mais pour t'ôter toute crainte, apprends que ce malheur n'est pas si extraordinaire qu'on le doive tant appréhender. Il y a des filles qui trouvent le secret de cacher leur grossesse au moyen de certains buscs et habillements faits exprès et ne laissent pas de se donner du plaisir avec ceux qui les ont engrossées. Pour neuf mois que l'on passe dans les délices on ne peut devenir enceinte qu'une seule fois, et si l'on compare la satisfaction que l'on goûte dans les bras d'un ami tendre et pas-

sionné avec les douleurs de l'enfantement, on
verra que pour un quart-d'heure de peine il y a
cent jours de plaisir. Qu'en penses-tu? Et puis
tous les coups ne portent pas; on est bien souvent
un an, et même quelquefois deux, quatre, six,
sans engrosser, et il y a des filles à qui cela n'arrive jamais; au pis-aller on a toujours sept ou
huit mois pour se préparer et dans cet intervalle
on feint des maladies, des promenades ou quelque
voyage. Lorsque le temps est venu on se confie à
une sage-femme qui est obligée sur sa parole et
sur sa conscience de garder le secret. Un ami
vous conseille et vous assiste au besoin. Si l'on ne
peut s'absenter longtemps il ne faut qu'un jour
ou deux, quelquefois moins, pour se débarrasser
ou donner l'enfant à une nourrice qui prend soin
de l'élever et tout cela aux dépens de celui qui l'a
fait; va, va, il y en a plus de mille qui ont passé
par là et à qui il n'y parait point.

— Je vous crois, ma cousine, et il me semble
que je ne craindrai plus tant d'être engrossée,
car je me figure que c'est une satisfaction bien
grande d'avoir mis au monde une créature qu'on
a faite avec une personne qu'on aime. Mais après
tout, ces filles qui sont si timides et qui ont si

peur de devenir enceintes, comment peuvent-elles faire pour se passer d'un homme quand l'envie leur en prend et les tourmente si fort que le trou velu étant tout en chaleur il n'y a aucun moyen d'apaiser son ardeur de quelque façon qu'on le frotte avec les doigts.

— Je te dirai, ma cousine, qu'il y en a qui n'ont jamais été touchées par aucun homme et qui ne laissent pourtant pas de se donner bien du bon temps et de se livrer à la volupté sans aucune crainte.

— Comment peuvent-elles donc faire? demanda Fanchette étonnée.

— J'ai lu dans un livre fort instructif, répondit Suzanne, l'histoire de la fille d'un roi qui se servait d'une plaisante invention : elle avait une statue d'homme peinte en couleur de chair et fournie d'un puissant engin de matière moins dure que le reste; cet engin était raide et creux; il avait la tête rouge avec une petite fente au bout et deux pendants en forme de couillons, le tout imité d'après nature; quand elle avait l'imagination échauffée par la vue de ce corps, elle approchait cet engin, se le fourrait dans le trou velu, empoignait les fesses de la statue et la penchait

vers elle; alors elle remuait le croupion comme si
elle avait tenu un homme dans ses bras ; quand
elle venait à décharger elle poussait un certain
ressort qui était derrière la statue et qui jetait incontinent une certaine liqueur tiède, blanche et
épaisse comme de la bouillie qui lui arrosait l'in-
térieur de la matrice et la laissait satisfaite pour
le moment; le fait me paraît très-vrai et je n'en
saurais douter car je connais certains hommes qui
ont des statues de belles femmes dans leurs cabi-
nets qui leur servent à la même fin; quand ils ont
le dard raide ils les enfilent par une fente qu'elles ont au bas du ventre qui est garnie de poils et
qui s'élargit ou se rétrécit à proportion de la longueur et grosseur de leur membre ; les filles qui
n'ont point le moyen d'avoir des statues se contentent d'engins de velours ou de verre formés à la
ressemblance d'un membre viril et s'en chatouillent comme d'un véritable membre; d'autres
prennent des cervelas, de grosses chandelles, ou,
faute de cela, fourrent le doigt dans leur bijou le
plus avant qu'elles peuvent et arrivent ainsi à se
donner du plaisir. Hélas! tant de pauvres filles
enfermées malgré elles, toutes les religieuses qui
ne voient le monde que par un trou sont bien for-

cées d'en agir ainsi car l'éjaculation de la semence étant naturelle comme le manger et le boire, à peine ont-elles passé quinze ans qu'elles ne sont plus dans l'innocence et il faut bien qu'elles se servent de quelque moyen pour apaiser leur chaleur et soulager la nature vitale. Celles qui ont des amis et qui craignent la grossesse, se contentent de les baiser et toucher; elles souffrent aussi d'être baisées et touchées, même leur ami leur manie les tetons, les cuisses, les fesses, la motte, en un mot toutes les parties du corps; elles les laissent décharger entre les cuisses, entre les fesses, entre les tetons ou dans la main; quelquefois elles leur permettent de placer leur membre à l'entrée de leur nature et le retirent aussitôt qu'elles sentent la semence prête à couler pour s'en graisser le bas du ventre; dans d'autres moments elles se font gratter doucement avec les doigts entre les babines de leur bijou, les serrant et les écartant, tandis qu'elles caressent leur ami, le baisent et badinent de même avec son dard entre les mains.

— Certes, ma cousine, dit Fanchette, il faut avoir un grand empire sur soi-même pour sentir un engin si près de sa motte sans le faire entrer tout-à-fait.

— Oui, vraiment, répondit Suzanne, et c'est un courage dont je ne me sentirais pas capable; il y en a de plus hardies qui mettent un petit linge autour de la tête du membre et le laissent ainsi répandre la liqueur d'amour sans sortir du trou velu, parce que le linge reçoit toute la semence; les dernières, qui sont les plus chaudes de toutes, ne craignent point de laisser décharger sans y rien mettre; seulement elles prennent garde que ce soit quelque temps l'un après l'autre, car c'est une vérité reconnue et expérimentée de tous les médecins qu'il faut que la semence de l'homme et de la femme arrivent ensemble et se mêlent pour engendrer. J'aurais encore mille choses à dire pour te prouver que la grossesse n'arrive pas si souvent que tu pourrais te l'imaginer, mais sois bien persuadée que celles qui ont bien envie de se divertir y mettent toujours bon ordre, soit avant soit après; au reste, que cette crainte ne vienne pas troubler tes plaisirs, car rien n'est plus doux ni plus charmant que de s'abandonner à une personne qu'on aime.

— Ma cousine, interrompit Fanchette, sur ce que vous m'avez dit tout à l'heure je vous dirai que je crains d'être devenue grosse, car toutes

les fois que nous avons fait cela ensemble, Robinet et moi, il a presque toujours voulu que
nous déchargions ensemble pour avoir plus de
plaisir; or, dites-moi s'il n'y a pas quelqu'autre
signe par lequel je puisse reconnaître que je ne
suis pas enceinte.

— Ce n'est pas tout, reprit Suzanne, que le
sperme arrive en même temps à l'un et à l'autre,
il faut encore que la femme, dans le moment de
l'éjaculation, si elle veut que le coup porte, tienne
les fesses serrées l'une contre l'autre et ne se remue en aucune façon que le tout ne soit fait et
achevé; vois si tu as agi de la sorte.

— Pour ce qui est des fesses, répondit Fanchette, je les ai toujours bien serrées; mais pour
être restée immobile comme une souche au milieu
d'un si grand plaisir, cela ne m'est jamais arrivé;
et c'est ce qui m'aurait été impossible; ainsi j'ai
toujours remué avec le plus grand appétit du
monde.

— Eh bien, cela seul est capable d'avoir empê-
ché que tu deviennes grosse, continua Suzanne,
parce qu'en se remuant ainsi cela fait aller la semence çà et là, et elle ne peut prendre avec celle
de la femme, ce qui serait nécessaire pour engros-

ser; mais quant à ce qui est de serrer les fesses, tu ne dois point t'en étonner, parce qu'on ne peut point s'en empêcher, et cela est inhérent au plaisir d'amour. A mesure qu'elles se serrent ainsi, la nature, qui n'opère rien en vain, fait badiner par devant l'entrée de la matrice, et les lèvres du trou velu, pour mieux engloutir le membre viril et se conjoindre d'autant plus avec l'objet aimé.

— Toujours en raisonnant avec vous, ma cousine, dit Fanchette, vous m'apprenez quelque chose, et me voilà à présent toute consolée touchant les embarras de la grossesse; je ne l'appréhende plus guère, tant à cause des moyens que vous m'avez enseignés pour la cacher qu'à cause des remèdes que vous connaissez pour l'empêcher; mais ne pourriez-vous pas me dire pourquoi les hommes sont plus aises que nous leur touchions le dard avec la main qu'avec toute autre partie du corps?

— Cela n'est pas bien difficile à expliquer, répondit Suzanne; un des plus grands plaisirs qu'ils reçoivent est de savoir qu'ils nous en donnent, comme je l'ai déjà dit. Or, quel meilleur moyen avons-nous de leur faire connaître qu'ils nous procurent du plaisir, si ce n'est en désignant avec la main l'instrument dont ils se servent pour nous en donner à gogo. Cela les oblige bien sensiblement; de leur côté, l'attouchement de la main est bien plus exquis que celui de tout autre membre; la main qui s'applique doucement sur quelque chose est le symbole de l'amitié qu'elle porte à cette chose, comme quand elle s'applique trop rudement elle est celui de la haine. Nous touchons ordinairement avec la main les choses que nous aimons; deux amis se touchent dans la main pour marquer qu'ils s'aiment, mais d'un amour purement spirituel, tel que doit être le leur et qui ne leur permet pas de toucher autre chose. Mais l'amour de l'homme et de la femme étant plus naturel, plus accompli, en ce que le corps et l'esprit y ont part, ils se touchent aussi l'engin avec la main pour dire qu'ils s'aiment, et une femme qui se laisse toucher et toucher réciproquement, l'homme lui témoigne bien sensiblement l'amour qu'elle a pour lui; je dis bien plus, si elle se laissait baiser, embrasser, enfiler, en un mot, répandre la semence dans le vagin, et refuserait néanmoins de manier le membre avec la main, ne témoignerait pas véritablement sa sensibilité, aussi est-ce là le comble du plaisir. quand la femme ne peut plus rien toucher à l'engin de l'homme, parce qu'elle l'a tout dans le sien, elle tâche au moins de tâter sur ses bords ce qui est resté dehors et caresser ses ballottes qui sont les ministres du plaisir; il n'y a point de plus grandes privautés que celles de la main, et la nature qui a pourvu à ce que l'homme pût recevoir deux plaisirs à la fois, celui du trou mignon et celui de la main, lui a laissé une assez grande partie du membre derrière les ballottes pour que la femme y pût toucher, frotter dessus, dessous et chatouiller pendant le temps de la conjonction; cela montre bien qu'il n'y a dans la formation de l'un et de l'autre rien qui ne soit fait à dessein, et par conséquent c'est bien abuser des moyens que la nature nous a donnés pour nous contenter que de ne les pas employer tous à l'usage pour lequel ils ont été faits. Je me suis un peu étendue sur ce discours parce qu'il me touche particulièrement. Je te dirai que c'est un des plus grands contentements de mon ami lorsque nous sommes seuls entre deux draps et qu'il regarde la blancheur de mes mains et qu'il les applique sur ces parties qu'on appelle improprement honteuses, parce qu'elles sont la cachette du plus grand plaisir du monde et qu'elles nous font souvent rougir de trop d'aise quand nous y touchons et produisent sur le visage le même effet que la honte. Or, je ne crois pas, ma chère cousine, qu'il y ait de plus grands délices que celui de voir un petit bout de chair flasque pendant au bas du ventre de son ami, que l'on prend avec la main, qui peu à peu se dresse tant et devient si gros qu'à peine le peut-on empoigner et dont la peau est si délicate que l'attouchement seul de la main nous fait pâmer d'aise, et lorsqu'il est bien raide, en le frottant doucement, vous le sentez enflammé de chaleur et le voyez enluminé d'une couleur cramoisie qui vous délecte extrèmement la vue, tellement qu'à force de le frotter vous faites extasier votre ami et apercevez enfin que le membre vous crache entre les doigts une liqueur blanchâtre tout opposée en couleur à celle du dard viril lorsqu'il est en fureur, laquelle étant ainsi passée, fait que nous le laissons vivement retomber dans la même position où nous l'avons pris, jusqu'à ce qu'un peu après nous recommencions.

— Maintenant, ma cousine, dit Fanchette, dites-moi qui a plus de plaisir, de l'homme ou de la femme, dans la conjonction ?

— Cela est bien malaisé à résoudre, répondit Suzanne, car si l'on s'arrête à l'écoulement de la semence, il n'y a point de doute que la femme n'en ait davantage, parce qu'elle sent la sienne et celle de l'homme en même temps, lesquelles se rencontrent par un mouvement chaleureux et un peu contraire, la chatouillant au fond de la nature toutes deux ensemble, au lieu que l'homme ne reçoit point de plaisir de la semence de la femme. Mais si d'un autre côté on considère qu'une grande partie du plaisir consiste dans la chaleur et le trémoussement et que celui qui s'agite se plaît davantage dans son action que celui qui n'agit pas tant à proportion de l'objet qui les fait animer, on ne pourra résoudre en ce cas lequel des deux ressent le plus de satisfaction.

— Et pourquoi donc, ma cousine, demanda Fanchette, est-ce que le plaisir arrive de la sorte, et que les deux sexes quelquefois, tout naturellement et sans qu'ils puissent en définir la raison, souhaitent tant de se joindre?

— C'est, répondit Suzanne, qu'autrefois (remarquez bien ceci) l'homme et la femme n'étaient qu'un et étaient conjoints ensemble par leurs deux membres qui se trouvaient enclos l'un dans l'autre, en sorte que l'homme ne mourait jamais et se reproduisait continuellement en sa partie, qui était sa femme. Depuis qu'ils ont été séparés, la nature, qui se souvient de cette désunion, veut toujours retourner vers elle-même pour avoir l'ancienne conjonction.

— Ma cousine, demanda Fanchette, qu'est-ce donc que l'amour ?

— C'est un appétit corporel ou un premier mouvement de la nature qui, avec le temps, monte jusqu'au siége de la raison, avec laquelle il habite et se perfectionne en idée spirituelle ; quand la nature est arrivée à ses fins, cette idée ou vapeur spirituelle parvient à se résoudre peu à peu en une pluie blanche comme du lait et s'écoule dans des conduits le long de l'épine du dos; ensuite elle devient le plaisir de la chose dont elle n'était d'abord que l'idée.

— Et pourquoi est-ce que cette idée chatouille si fort en passant?

— C'est qu'elle se réjouit à l'approche du moment où elle va se communiquer à la chose aimée.

— Certes, dit Fanchette, cela est bien délicat et agréable; voilà pourquoi ceux qui sont en cet état ne peuvent rire, vu qu'ils sont si aises, surtout dans le moment où la semence s'écoule.

— C'est, continua Suzanne, qu'ils n'ont pas le plaisir dans la tête et que toute leur joie est aux parties génitales; c'est que l'âme est attirée dans le bas par la force du plaisir et comme arrachée de son siége par la grande attention qu'elle porte à cette union, ce qui fait qu'elle ne pense plus à elle, laisse vides et dégarnis les lieux où elle a coutume d'exercer les fonctions de la raison, or où elle ne raisonne plus elle ne peut rire, car c'est une de ses propriétés; pour preuve de cela, c'est qu'au commencement que cette idée passe, l'on éprouve une certaine langueur et assoupissement des sens dans toute la tête, qui est une marque de la privation de l'âme.

— Ma cousine, dit Fanchette, cela est trop relevé pour moi, et j'aimerais beaucoup mieux que vous me disiez maintenant pourquoi les hommes, quand ils ne peuvent nous mettre le membre viril au trou velu se plaisent à nous le mettre entre les cuisses, les fesses, les tetons, dans la main, et vont même quelquefois jusqu'à nous en saluer le visage et le tour du menton; certainement, il doit y avoir en cela une espèce d'aveuglement d'amour.

— C'est bien dit, répondit Suzanne, car l'amour, qui est aveugle et ne se soucie de rien, pourvu qu'il communique son plaisir en quelqu'endroit de la femme, ne demande que la conjonction de deux parties; cela fait que quand il sent ses charmes, il s'agite, remue contre elle et trompe sa raison, parce que l'idée le veut ainsi, à cause de quelque ressemblance qu'a cette conjonction avec la véritable et naturelle.

— Ma cousine, interrompit Fanchette, vous ne me dites rien du baiser de la langue, qui me semble aussi être une fantaisie.

— Le baiser de la langue est une autre tromperie de l'amour, qui cherche la conjonction en toutes choses et de toutes sortes de manières; c'est une image du membre viril qui entre dans le vagin de la femme, car une langue étant glissée sous l'autre et pressée à l'entour par deux lèvres, l'âme est trompée par la ressemblance de cet objet; c'est pourquoi il semble alors que le cœur s'exhale par la bouche en souffrant les caresses qui lui sont faites, ce qui fait qu'elles se picotent çà et là et imitent les plus vives gesticulations du membre viril; alors l'imagination se réjouit presqu'autant de cette vaine figure du plaisir amoureux que si c'était ce plaisir lui-même dans sa réalité.

— Ma cousine, dit Fanchette en portant vivement la main sur sa motte, je sens couler ma semence; n'en parlons plus; cependant, je voudrais
bien savoir encore pourquoi il y a plus de plaisir
quand la femme est montée sur l'homme que
quand elle est dessous, et l'homme étendu sur
tout son corps ayant son membre rougeâtre et
bien bandé dans sa matrice?

— Je t'ai déjà dit cela d'une façon, dit Suzanne; le voici d'une autre : c'est que l'homme et la
femme étant considérés comme deux tout parfaits,
ils désirent par la grande affection qu'ils se portent se transformer l'un en l'autre; c'est une des
propriétés de l'amour de se transformer en la
chose aimée; or, en cette posture où la femme est
dessus et l'homme dessous, il y a une ressemblance
de cette métamorphose par la mutation des devoirs, qui est réciproque, au moyen de quoi
l'homme se repaît entièrement des passions de la
femme, et cette posture lui figure qu'il change de
sexe; la femme s'imagine en même temps être
devenue un homme parfait dans la situation
qu'elle lui fait garder, se sentant le pouvoir et le
désir de faire les fonctions dont celui-ci s'acquitte
ordinairement; il faut ajouter à cela que si on les

voit de loin accouplés comme ils sont, on les prendrait l'un pour l'autre. Voilà une raison qui me
semble assez pertinente. Maintenant je ne pense
pas qu'on puisse faire d'autres recherches sur l'a-
mour, et je vais te faire une petite récapitulation
de tout ce que nous avons traité aujourd'hui sur
ce sujet. D'abord, nous avons parlé des effets qui
sont les paroles, les attouchements, les œuvres,
les conjonctions; nous avons expliqué pourquoi
ils se pratiquent ainsi; nous avons raisonné sur
les humeurs différentes des hommes; nous avons
découvert ce que c'est que l'amour, sa nature, ses
effets, ses propriétés et ses usages; pourquoi, comment et en quel endroit il agissait, et des raisons
de tout cela; si nous avons oublié quelques choses
elles sont de peu de conséquence. Il y a, premièrement, les postures, les embrassements de plusieurs sortes; il y a les frétillements, les secousses,
les agréments, les gémissements, soupirs, éva-
nouissements, pamoisons, coups de main et toutes
les autres caresses que nous avons détaillées plus
amplement le jour où Robinet te prit ton pucelage. Quant à présent, il faut finir celle-ci et la
remettre à une autre fois s'il y a encore quelque
chose à dire. Toutefois, disons encore ceci : l'a-

mour a cela d'accommodant, qu'il satisfait entièrement tout le monde, chacun selon sa portée, les
ignorants par une pleine jouissance des plaisirs
qu'ils y trouvent sans savoir d'où ils viennent, et
les habiles gens par les douces imaginations que
leur esprit y enfante, par exemple dans cette posture que l'homme fait tenir à la femme quand
elle monte sur lui. Combien de douces considéra-
tions peuvent satisfaire l'esprit par le seul échange
des rôles et des devoirs y attachés, car d'enfiler
simplement une femme qui se laisse faire, c'est
une satisfaction commune, et il n'y a que le plaisir de lâcher la semence dans son vagin, chose qui
chatouille les sens de l'un et de l'autre pour un
peu de temps, mais quand, au lieu de voir que
l'homme se tourmente pour arriver au but désiré,
c'est au contraire la femme qui prend cette peine,
oh! c'est un bonheur qui n'a point d'égal, car il
voit sur lui le ventre, le nombril, la motte et généralement tout le corps de sa bien-aimée, qui
donne de vifs aiguillons à sa flamme; il voit et sent
l'agitation naturelle qu'elle fait sur lui; il semble
qu'il doute, il tâte encore pour s'assurer de son
bonheur, il s'écrie à chaque coup qu'elle donne,
il se pâme d'aise en sentant ses attouchements; il

estime plus sa volonté que tout le reste, parce que c'est une preuve convaincante qu'il en est aimé ; ensuite, quand l'amour vient à payer le tribut dû à leurs contentements, il voit fondre son plaisir dans ses yeux, vrais miroirs de l'âme, et sent que ses autres membres, quoiqu'ils ne voient point, ne laissent pas que de goûter leur part du plaisir ; la femme aussi, lorsqu'elle est dessus, fait de son côté des réflexions particulières sur chaque posture, qui a son nom propre aussi bien que les ragoûts différents, sur lesquels on commenterait bien pendant dix ans.

— Oh! sans doute, dit Fanchette, ce ne serait jamais fini si l'on voulait analyser l'imagination d'un chacun, car pour moi je puis concevoir bien d'autres postures ou ragoûts d'amour que ceux dont nous avons parlé, qui ne me semblaient ni moins donner ni moins remplir de volupté ; mais, de grâce, dites-moi seulement une chose encore. Quelles sont les qualités requises pour que deux amants qui se baisent se rendent tout à fait heureux dans leur conjonction ? Mais il faut pour cela que nous discourions un peu sur le plaisir d'amour ; par exemple, je ne sais d'où vient que lorsque je me trouve éloignée de Robinet

quelque temps et que je me représente à tous moments la jouissance que j'aurais avec lui s'il était
près de moi, j'ai tellement en ma pensée son
membre et ses dépendances, que sans songer à
ses autres perfections je me le figure toujours me
le fourrant dans le trou velu avec force et ayant
de la peine à le faire entrer, de sorte que mon engin s'écartant et se dégluant, le dedans de ma nature me démange furieusement, et puis j'éprouve
encore comme s'il était enfin entré et que je le
sente tout au fin fond de la matrice, ou opérant
par de petits coups lorsque la tête du membre
entre dans la peau et qu'elle ressort avec rage.
Cela me met dans une émotion capable de me faire
pâmer d'aise, et ce délice de mon imagination me
donne un tel goût pour la douce affaire que je me
suis jamais sans y penser ou au moins sans qu'il
me semble que je tienne son membre dans ma
main à belle poignée et qu'il est des plus raides.

— Ce que tu me dis là, dit Suzanne, est com-
mun à tous ceux qui aiment, et c'est un effet de
ton désir qui te met aussi vivement les choses devant les yeux que si elles étaient réellement pré-
sentes, car pensant plutôt à ce membre qu'à toute
autre chose, cela fait que toute l'idée de la beauté

qu'on se forme de l'objet aimé, bien que consistant dans une figure agréable et dans les belles proportions du corps, est cependant effacée et soumise à l'idée du plaisir qu'on reçoit quand un membre s'introduit dans un autre, tellement qu'elle n'est qu'accessoire au plaisir; par exemple, un bel œil, une belle cuisse, une belle main ne servent que pour rendre plus grand le plaisir de mettre le membre dans le trou velu, savoir : l'œil pour regarder l'action amoureuse avec une chaleur vive et représenter à la personne aimée l'image du plaisir de son âme quand arrive le grand et indicible chatouillement; la belle cuisse sert d'admiration à nos sens dans la contemplation d'une structure si polie et si propre à exciter nos appétils sensuels; enfin, cette main blanche, potelée et délicate est la cause que le membre s'enfle d'une telle vitesse que nous croirions, avant que la semence soit en dehors, qu'il dût crever, si bien que la beauté de ces parties, ainsi que celle des autres, cause un changement tout extraordinaire et incroyable.

— Puisque nous sommes sur le chapitre de la beauté, dit Fanchette, je voudrais bien, ma cousine, que vous m'en fissiez une description telle que vous la demanderiez si vous vouliez définir une jouissance parfaite.

— Volontiers. Pour la trouver dans tout son éclat, il faut qu'une fille ait 18 ans, la taille droite et haute, l'air noble et majestueux, les yeux doux et riants, les dents blanches, le front élevé, le nez un peu courbé, les joues pleines, les cheveux bruns et bien fournis; il faut qu'elle ait le tour des épaules assez large, les tetons durs et séparés, qui se soulèvent et s'abaissent voluptueusement, la main petite et potelée, la peau un peu brune. Je veux qu'elle soit simple et gaie dans ses actions. Que dans certaines occasions elle ne dise pas tout ce qu'elle pense pour laisser quelque chose à deviner à ceux qui l'écoutent afin qu'elle en paraisse plus spirituelle. Je veux aussi qu'elle agisse librement en société, que dans les repas où elle se trouvera elle mange peu, boive modérément, car c'est là qu'on s'applique le mieux à étudier une jeune fille. Elle doit prendre garde de ne pas faire la lecture de livres d'amour sous prétexte de faire admirer sa bonne méthode. Cependant, si elle y était obligée, elle devrait le faire sans y ajouter de commentaire, mais s'en acquitter de façon à faire ressortir les beautés du sujet, s'attendrir sur certains passages et mettre une certaine langueur dans les endroits qui traitent de l'amour heureux et satisfait. Elle aura les pieds petits, bien faits, la jambe grassette par le milieu, les cuisses fermes et bien fournies en remontant vers le ventre, les reins souples et menus par la ceinture pour donner plus de vivacité dans l'exercice amoureux, et avec tout cela une motte grasse et garnie d'un poil brun qui serve de haie au jardin de l'amour. Le ventre doit être rond, de moyenne grosseur, la peau bien tendue et lisse; il faut qu'il commence à se garnir de poils à quelques doigts du nombril et aller en épaississant jusqu'au dessous de la vulve, car il n'est rien de plus amoureux pour un homme que de voir et sentir sous la main une motte garnie d'une épaisse toison. Les deux lèvres qui servent d'entrée seront arrondies, fermes et blanches; on apercevra, en les écartant un peu, deux autres lèvres, plus petites et d'un rose attrayant à la naissance desquelles se trouvera un petit bouton de chair extrêmement chatouilleux appelé clitoris. C'est là que la nature a mis le trône de ses plaisirs et de ses voluptés; c'est de cette partie que viennent les chatouillements excessifs que les femmes ressentent pen-

dant que le membre de l'homme est dans le vagin; car en ce moment il s'enfle, se roidit en se
remplissant d'esprits et la sensation voluptueuse
est produite par la verge qui, dans son mouvement de va et vient, la frotte continuellement;
aussi pour qu'une fille ait un grand plaisir il faut
que cette partie ait, pendant l'action, au moins
un pouce de long; enfin l'entrée du vagin doit
être étroite afin que le membre viril étant pressé
de toutes parts, le frottement soit général et le
plaisir partagé par les deux; pour terminer, je
dirai qu'il faut que la femme ait tant de beautés
que le galant, à leur vue, soit dans le transport
avant que d'être arrivé jusqu'à la douce conjonction. Sache bien, du reste, ma chère Fanchette,
qu'il faut aussi que, de son côté, l'homme soit
beau et bien fait pour que la jouissance soit parfaite en tous points; je veux de plus que la fille
observe toujours les convenances, c'est-à-dire
soit modeste en certaines choses sans pour cela refuser quoi que ce soit que l'amour exige; qu'elle
ait l'air seulement de céder à une douce violence
quand même la chose qu'on exigerait d'elle lui
conviendrait beaucoup. Ainsi lorsque l'amant
l'a enfilée et qu'il la secoue effrontément, il faut

qu'elle se plaigne un peu de ressentir quelque douleur occasionnée par la grosseur de l'engin qui la perfore quand même il serait trop petit; dans le cas contraire elle ne doit rien craindre et quelles que soient la longueur et la grosseur du membre, elle doit être assurée que sa partie se prêtera assez facilement pour qu'elle n'en ressente que du plaisir. Dans ces moments là elle doit se prêter à tout et ne rien refuser de ce qu'exige sa passion, et à mesure qu'il poussera pour le faire entrer, elle devra faire entendre quelques plaintes accompagnées de soupirs en le serrant avec ses bras de plus en plus afin que l'amant ne sache, quand elle crie, si c'est de douleur ou de plaisir.

— Voyons, maintenant, dit Fanchette, ce que vous exigez dans un homme pour qu'il soit accompli?

— Presque toute la beauté de l'homme consiste dans une belle taille et la force musculaire. Je veux pourtant qu'il ait la physionomie ouverte et la figure riante, qu'il soit de l'âge de 25 à 30 ans. Il suffit qu'il soit charnu et nerveux pour être agile et lascif. Sa taille doit être médiocre, sa poitrine large, sa voix forte et grosse; un œil noir et vif, les cheveux durs, noirs et frisés, le nez aquilin et un peu grand, la barbe épaisse noire et dure et le corps couvert d'un poil épais, l'estomac un peu bombé, les reins bien cambrés et les fesses bien charnues; lorsqu'il embrasse sa maîtresse il faut qu'on remarque qu'il la serre bien étroitement, et à peine l'aperçoit-il, qu'il la renverse sur le lit, lui prend les deux cuisses, qu'il place snr ses hanches, l'enfile avec vigueur et la secoue comme une marionnette. Il doit avoir la jambe droite, avenante et non cagneuse; ses cuisses doivent être velues, indice certain d'une grande vigueur; mais si tu savais, ma cousine, combien un homme, dont le ventre est couvert d'une forêt de poils noirs et frisés, offre d'agréments, surtout quand on sent au-dessous un membre raide et musculeux, long de 8 à 9 pouces et gros à proportion, au bout duquel on voit sortir un beau gland large de deux doigts et rouge comme la crête d'un coq, le tout accompagné de deux testicules, dont la peau velue renferme les trésors de l'amour! Comprends-tu combien une fille doit sentir de plaisir lorsque ce membre pénètre dans son bijou? Cette seule pensée me fait pâmer d'aise et après cela il n'y a plus rien à souhaiter : un homme est accompli.

— Que vous êtes savante, ma cousine, dit Fanchette. Quand je vous écoute et que je compare
vos paroles avec celles qu'une mère dit à sa fille,
lorsqu'elle lui prêche la vertu et l'honnêteté, j'y
trouve bien de la différence; les discours qu'elle
tient engendrent la mélancolie, au lieu que les
vôtres inspirent la douceur et la joie.

— Ainsi va le monde, ma pauvre cousine; le
mensonge prend la place de la vérité; le préjugé
veut contredire l'expérience et les sottises s'éri-
gent en titre de bonnes actions. La virginité est
une très-belle chose en paroles et très-laide dans
ses effets; au contraire, la paillardise n'a rien de
plus hideux que le nom et rien de plus doux que
la chose; les gens mariés paillardent aussi bien
que les autres; ils font les mêmes actions et prennent plaisir à essayer les différentes postures,
comme les garçons et les filles. Cela leur arrive
même plus souvent qu'à ceux-là. C'est toujours le
membre au trou velu qui agit, et la cérémonie du
mariage ne change rien aux mystères d'amour.
Mais c'est assez prêcher pour cette fois; nous ne
sommes pas ici pour corriger le monde; il faut
qu'il y ait des fous pour mettre les sages en relief.

— C'est très-bien dit, ma cousine, dit Fanchette; au lieu de nous instruire, nous serions les correcteurs sans gages de la folie d'autrui. Que chacun vive à sa mode, et pour nous, achevons ce que nous avons commencé, car il me semble qu'il n'y a rien de plus charmant que l'amour, et toutes les heures que nous employons à son exercice sont les plus agréables de notre vie. Vive un bon gros membre bien tendu et bien nerveux, vive un joli petit trou mignon avec sa motte velue; ils sont la source de toutes les délices, il n'y a le plus souvent que le manque de semence dans les réservoirs qui empêche le membre de bien bander; mais tant qu'il y en a, notre bijou est toujours prêt à l'avaler, quand il devrait couler en nous tout entier. Faire cela trois ou quatre coups ne fait que mettre en appétit; il faut continuer jusqu'à ce que la motte soit fatiguée des assauts qu'on lui livre, car il est impossible de la rassasier; cependant, je voudrais bien vous faire encore une question : savoir qui sont les personnes les plus propres à traiter d'amour, des femmes ou des filles?

— Ce sont les femmes, parce qu'elles ont plus d'expérience et qu'elles connaissent mieux les délicatesses propres à cette passion.

— Pourquoi donc les hommes aiment-ils mieux les filles? demanda encore Fanchette.

— C'est qu'ils trouvent plaisir à instruire des innocentes, qu'ils trouvent bien plus d'obéissance en elles dans les postures qu'ils veulent leur faire prendre et que leur trou velu n'étant pas si élargi, le membre y est placé plus à l'étroit et cause plus de chatouillement à l'un et à l'autre.

— Pourquoi aussi, dit Fanchette, y a-t-il des hommes qui aiment mieux s'adresser à des femmes mariées ?

— C'est, répondit Suzanne, comme je l'ai dit, parce qu'elles sont plus habiles à donner du plaisir et qu'il n'y a pas tant de risques à courir en baisant une femme qu'une fille; d'abord, ces dernières peuvent devenir enceintes, et cela cause quelquefois beaucoup d'embarras à l'un et à l'autre, car il faut que les filles prennent des précautions pour cacher leur grossesse à leurs parents ou à d'autres personnes; et pour les hommes, ils sont ordinairement condamnés par la justice à donner de l'argent pour payer des nourrices et dédommager les filles du prétendu déshonneur que cela leur a fait; bien souvent ils sont obligés de fournir aux appointements pour louer des chambres ou des appartements, pour avoir des robes ou d'autres ajustements, à cause que beaucoup de filles n'ont

pas de quoi s'entretenir; mais quand ils ont com-
merce avec des femmes, le mari sert de couverture
à tout, et s'il paraît quelque chose, n'importe qui
eût fait la besogne, elle est toujours mise sur son
compte; outre cela, il n'en coûte point tant d'argent pour les entretenir, parce que leur maison
est déjà toute faite, et l'on en est quitte pour quelques petits présents et quelques galanteries de peu
de conséquence; on ne laisse pas de goûter beaucoup de plaisir de part et d'autre, quoique l'on
soit souvent obligé d'agir avec quelque circons-
pection pour cacher au mari les caresses qu'on se
fait réciproquement, et l'on y trouve plus de douceur que si l'on n'avait aucune mesure à garder.
Quand tu seras mariée, par exemple, tu pourras
aux heures de loisir, pendant l'absence de ton
mari, te divertir agréablement avec un amant
aimable et passer quelquefois de bonnes nuits ensemble; cependant, tu n'en aimeras pas moins ton
mari pour le plaisir que tu lui déroberas, car au
contraire, s'il le fallait préférer à ton ami, tu le
ferais assurément, et cela doit être ainsi ; mais tu
goûteras les embrassements tantôt de l'un, tantôt
de l'autre; ce changement donnera de vifs aiguillons à tes plaisirs, et tu seras bien mieux satisfaite

que si tu ne mangeais tous les jours qu'une sorte
de viande, car la différence des membres est aussi
agréable au trou velu que celle des mets l'est à la
bouche.

— Ma cousine, dit Fanchette, si je vous disais
qu'il y a déjà quelqu'un qui m'en conte depuis que
j'ai goûté vos instructions, et que ces gentillesses
d'amour m'ont un peu poli l'esprit, qu'en croi-
riez-vous?

— Est-ce pour le mariage? demanda Suzanne.

— Vraiment oui, ma cousine, et pourquoi se-
rait-ce donc? répondit Fanchette.

— En ce cas, dit Suzanne, laisse-moi gouverner
cette affaire, et je la conduirai à bonne fin ; je
t'assure que si la personne t'aime un tant soit peu
ce sera un grand hasard si je n'en viens pas à
bout. J'ai fait des mariages, et plus d'un; mais
voilà l'horloge qui sonne, il faut partir. Adieu,
nous parlerons de cela une autre fois.

— Adieu donc, ma cousine, dit Fanchette, en
vous remerciant.

Et les deux cousines, après s'être tendrement
embrassées, se séparèrent en se promettant de se
revoir bientôt.

FIN